奈良 大和路の紅葉

写真 桑原英文
案内 倉橋みどり

淡交社

奈良 大和路の紅葉　目次

奈良市　市街および郊外　9

生駒から葛城へ　41

奈良を愉しむ

Map I
奈良市

❶ 奈良公園（P10－11）
❷ 浮見堂（P13）
❸ 春日大社（P22－26）
❹ 春日山原始林（P27）
❺ 高円山（P28－29）
❻ 円成寺（P30－31）
❼ 東大寺・手向山八幡宮（P14－16）
❽ 吉城園（P21）
❾ 依水園（P20）
❿ 興福寺（P18－19）
⓫ 元興寺（P17）
⓬ 正暦寺（P33）
⓭ 弘仁寺（P32）
⓮ 興福院（P34）
⓯ 水上池（P35）
⓰ 神功皇后陵（P36－37）
⓱ 唐招提寺（P38－39）

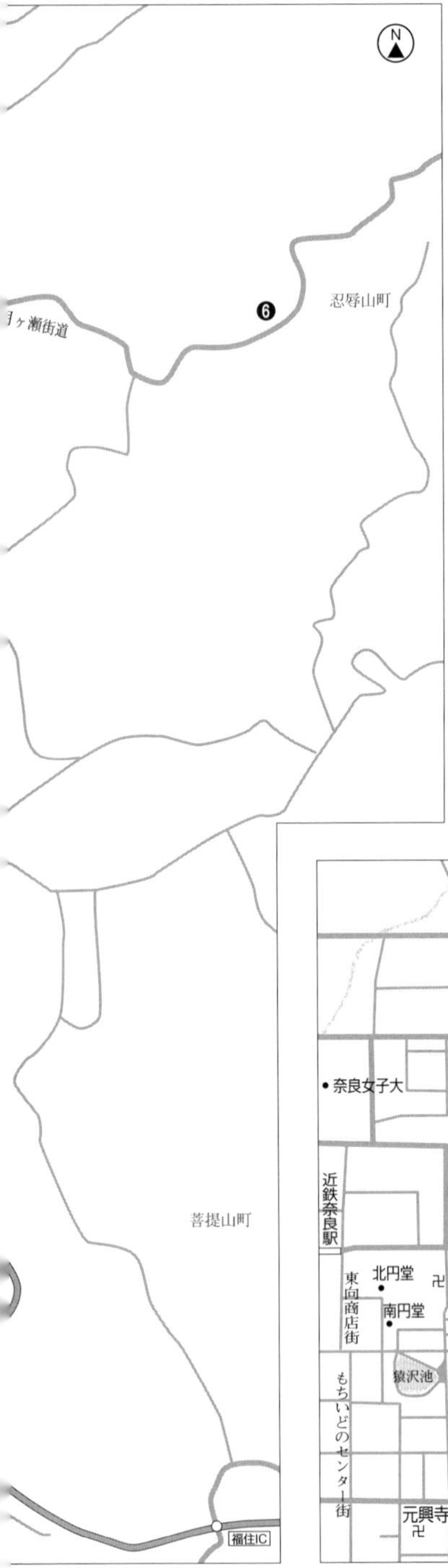

奈良市内　主要部

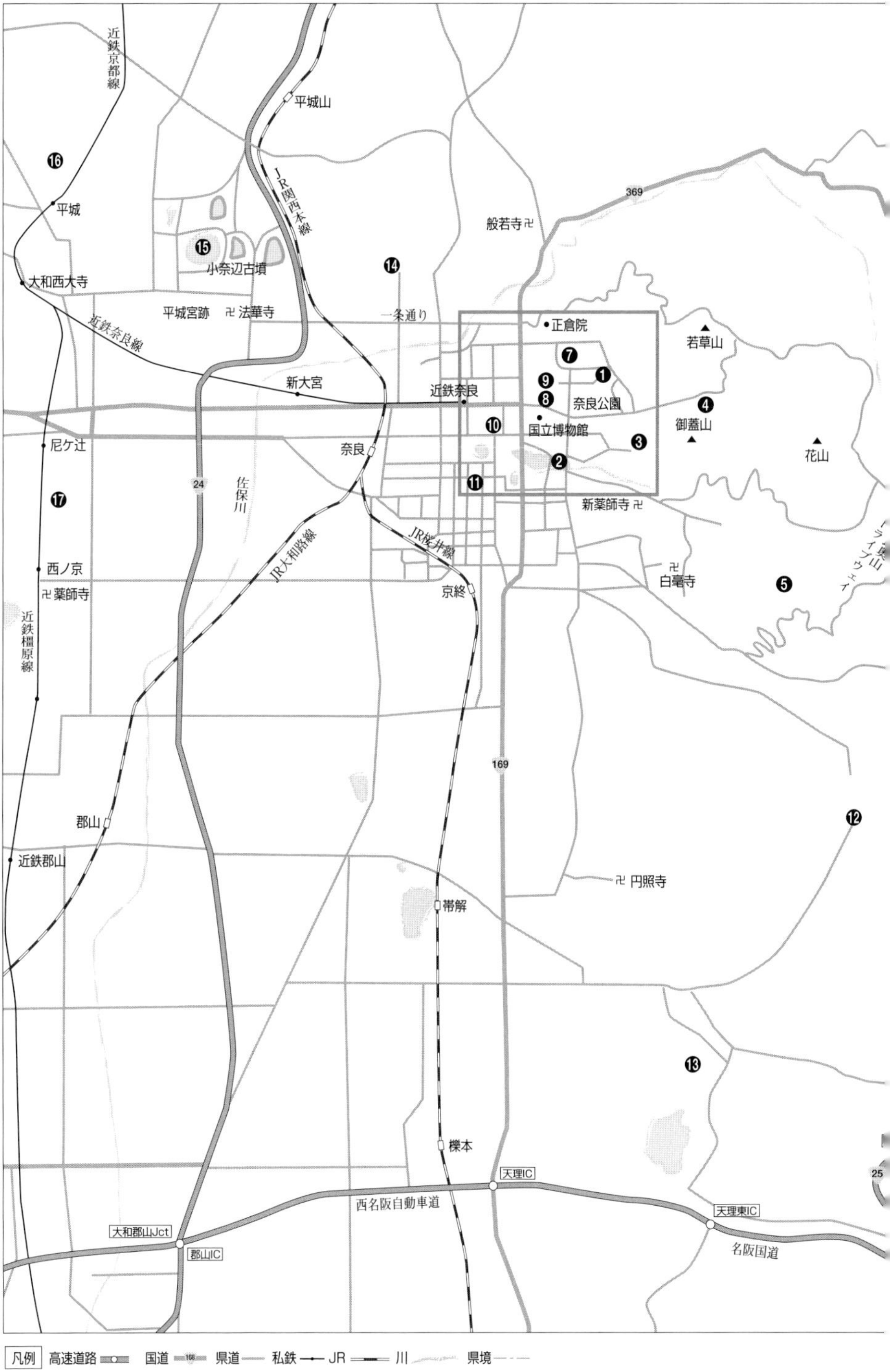
近鉄京都線
平城山
JR関西本線
369
16
平城
15
小奈辺古墳
般若寺
14
大和西大寺
平城宮跡
法華寺
一条通り
正倉院
若草山
近鉄奈良線
7
1
新大宮
9
近鉄奈良
8
奈良公園
4
国立博物館
御蓋山
10
3
花山
尼ケ辻
奈良
2
11
24
佐保川
新薬師寺
17
JR大和路線
JR桜井線
奥山ドライブウェイ
西ノ京
白毫寺
薬師寺
京終
5
近鉄橿原線
169
12
郡山
近鉄郡山
円照寺
帯解
13
櫟本
天理IC
25
西名阪自動車道
天理東IC
大和郡山Jct
郡山IC
名阪国道
凡例 高速道路 国道 166 県道 私鉄 JR 川 県境

奈良県東部～南部

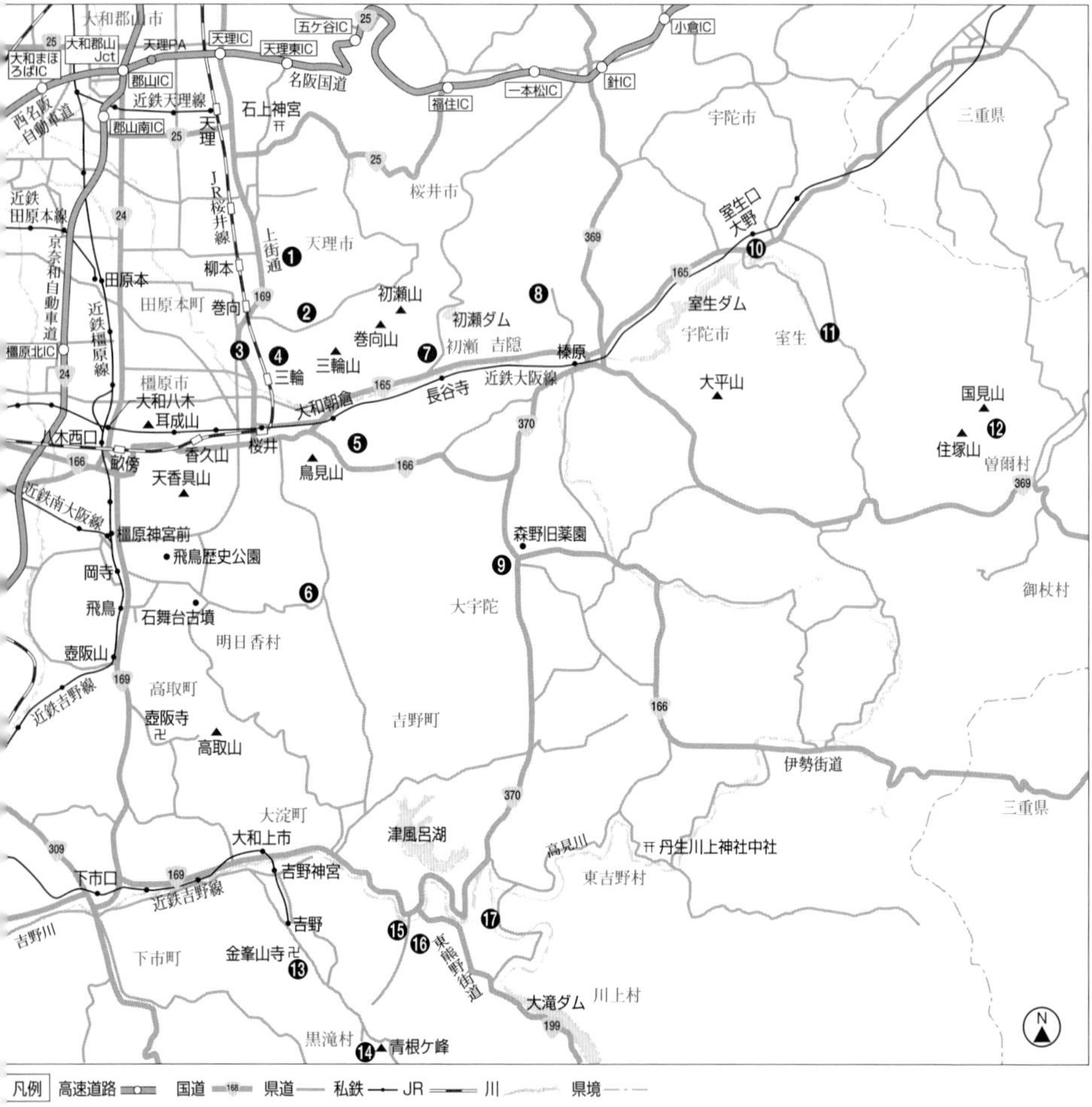

❶ 長岳寺（P62）
❷ 大兵主神社（P64－65）
❸ 慶田寺（P63）
❹ 大神神社（P70）
❺ 鏡王女墓（P71）
❻ 談山神社（P68－69）
❼ 長谷寺（P66－67）
❽ 榛原鳥見山公園（P72）
❾ 大願寺（P78）
❿ 大野寺（P76）
⓫ 室生寺（P77）
⓬ 屏風岩公苑（P79）
⓭ 吉野山（P96－97）
⓮ 西行庵（P98－99）
⓯ 宮滝（P103）
⓰ 桜木神社（P102）
⓱ 高見川（P100－101）

Map Ⅲ
奈良県西部〜南部

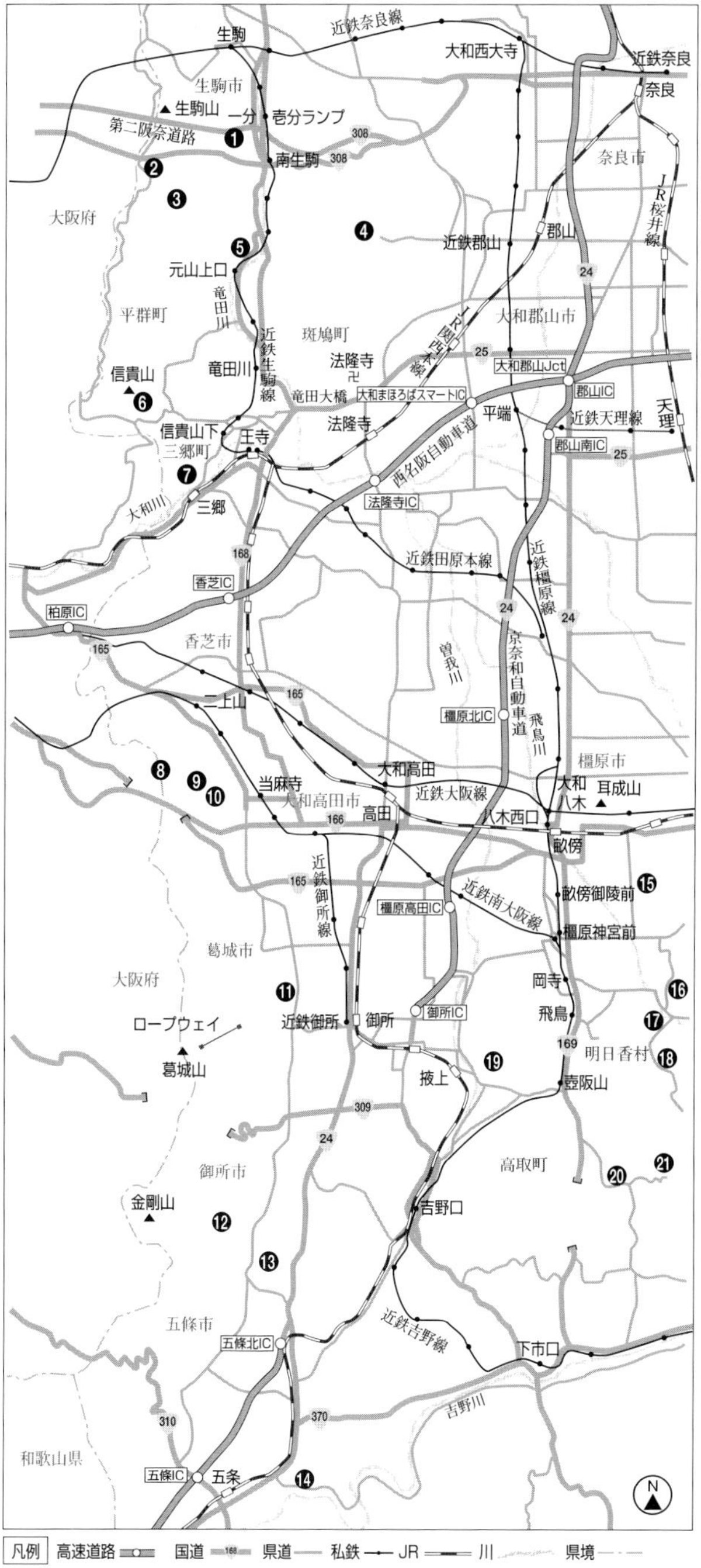

❶ 竹林寺（P43）
❷ 暗峠（P42）
❸ 千光寺（P46−47）
❹ 矢田寺（P44）
❺ 金勝寺（P45）
❻ 朝護孫子寺（P48−49）
❼ 龍田大社（P52）
❽ 二上山（P58）
❾ 鳥谷口古墳（P58）
❿ 當麻寺（P54−56）
⓫ 笛吹神社（P57）
⓬ 高天彦神社（P93）
⓭ 高鴨神社（P92）
⓮ 栄山寺（P94−95）
⓯ 天香具山（P88）
⓰ 岡寺（P85）
⓱ 石舞台古墳（P84）
⓲ 稲渕（P86−87）
⓳ 太田皇女墓（P89）
⓴ 壺阪寺（P91）
㉑ 高取城跡（P90）

秋山に　もみつ木《こ》の葉の　移りなば　さらにや秋を　見まく欲《ほ》りせむ

山部王

（『万葉集』巻八の一五一六）

奈良公園　奈良国立博物館付近（奈良市）

奈良公園《ならこうえん》

近鉄奈良駅から東へ、登大路《のぼりおおじ》を数分歩くだけでもうそこは奈良公園である。総面積約六〇〇ヘクタール、『万葉集』にも詠まれた春日野《かすがの》、浅茅ヶ原《あさちがはら》などが点在し、場所ごとに違う表情を見せてくれるのが魅力。秋の正倉院展が始まる頃（十月下旬）、毎年まっさきに赤く色づくのがナンキンハゼだ。鹿がこの木を嫌うため、飛《とび》火野《ひの》、春日野園地、浮雲園地など至るところに見られる。やがて、興福寺横の登大路園地付近のカエデが透明感ある赤に染まり始め、奈良を訪れる人の目を喜ばせてくれる。

奈良公園にある大きな池といえば鷺《さぎ》池と荒池だが、写真は荒池の東側。池の周囲の木々がそれぞれに色づき、水面を染める。向こうに見える御蓋《みかさ》山《やま》（手前）と春日山もまた秋の色に粧う。

■電話：0742 (22) 0375 (奈良公園事務所)　■交通：近鉄奈良駅から東へ徒歩約3分　■Map：P5①

川の流れを赤く染める撮影ポイント

吉城川《よしきがわ》

東大寺の境内を流れる吉城川は、春日山原始林を源流とし、東大寺境内を東西に横切り、やがて佐保川《さほがわ》に合流する。この川沿いの紅葉の名所は、東大寺南大門の少し手前にかかる一ノ橋あたり。川に覆いかぶさるように赤く染まるカエデに目を奪われる。川の水量は少なく、鹿もよくひと休みしている。土産物店の賑わいに気をとられ見逃しがちだが、紅葉と鹿と南大門とが揃う記念写真ならここでぜひ。一ノ橋から川に沿って東の新公会堂方面へと歩いていくと、次々に紅葉の美しいポイントに出会うことができる。

まるで紅葉のトンネルのように、両岸からカエデが枝を伸ばす吉城川。一年を通じ、比較的水量が少ないので、川べりまで降りていって見上げることも。秋の日差しを浴びた紅葉の彩りはまた格別。

■住所：奈良市雑司町406－1（東大寺）■電話：0742（22）5511 ■拝観時間：境内自由　大仏殿・法華堂・戒壇院　8時～16時半（11月～2月）■交通：近鉄奈良駅からバス「春日大社表参道」下車、北へ徒歩約5分　■Map：P5⑦

鷺池に浮かぶように建つ六角堂

浮見堂《うきみどう》

奈良公園の南側に広がる浅茅ヶ原園地。浅茅ヶ原の林を抜けていくと鷺池に浮かぶ浮見堂と橋が見えてくる。檜皮葺《ひわだぶ》きのこの六角堂はもともと大正五(一九一六)年に憩いの場として建てられた。鷺池のまわりにはカエデやサクラが多く、晩秋にはまずサクラが色づき、続いてカエデが紅葉し、浮見堂とともに池に映り込む光景が何ともいえず絵になる。奈良公園のなかでも意外にここまで足を延ばす人は少なく、便利な場所にありながらゆっくりできる穴場でもある。

平成六年に改修され、美しい姿を取り戻した浮見堂周辺は、サクラからカエデまで長い期間の紅葉が楽しめるスポット。お堂の中でひと休みしながら、あたりの眺めをゆっくり楽しんで。鹿も遊びにやってくる。

■住所：奈良市春日野町　■交通：近鉄奈良駅からバス「春日大社表参道」下車、南へ徒歩約5分　■Map：P5②

鏡池、講堂跡など、見どころいろいろ

東大寺《とうだいじ》

広い境内をまずは大仏殿、鐘楼、二月堂あたりへと歩いていけば、その合間を埋めるようにカエデやナンキンハゼの紅葉、イチョウの黄葉が楽しめる。なかでも紅葉の名所は、大仏殿前の鏡池である。小さな島と池のほとりのカエデは小ぶりだが美しく、紅葉越しに見る大仏殿は他の季節とはまた違う艶やかさ。二月堂脇、指図堂《さしずどう》のすぐ横にも評判のカエデがある。東塔跡や大仏殿裏手の講堂跡、大湯屋《おおゆや》はイチョウの黄葉の名所だ。黄金色のイチョウの葉が一面に散り敷き、その中を鹿が遊ぶ様子は印象派の名画のよう。

写真上は二月堂、法華堂などがある上院《じょういん》から見下ろした晩秋の大仏殿。金色の鴟尾が映える。写真左は大湯屋の脇にある大イチョウ。大湯屋は鎌倉時代の建物で重要文化財。鐘楼から階段を下りていくのがおすすめ。

■住所：奈良市雑司町406－1 ■電話：0742（22）5511 ■拝観時間：境内自由　大仏殿・法華堂・戒壇院　8時～16時半（11月～2月） ■拝観料：大仏殿・法華堂・戒壇院各500円 ■交通：近鉄奈良駅からバス「大仏殿春日大社前」下車、北東へ徒歩約5分 ■Map：P5⑦

手向山八幡宮《たむけやまはちまんぐう》

「このたびは幣《ぬさ》もとりあへず手向山紅葉の錦《にしき》神のまにまに」（「小倉百人一首」）と菅原道真が詠んだ、由緒正しき紅葉の名所。東大寺創建以来の鎮守社《ちんじゅしゃ》である。大仏殿の脇にある大きな石の鳥居からの参道は、楼門が近づくにつれカエデが増えてくる。道真の腰掛石も残る境内のカエデが、日の当たり具合が違うせいか微妙なグラデーションを見せながら色づいていく様はまさしく紅葉の錦。法華堂に面した鳥居の側には樹齢百余年の大イチョウがあり、その金色が紅葉の錦にアクセントをつけている。

東大寺境内の東端、法華堂の隣にある手向山八幡宮。燈籠の火袋に貼った和紙や絵馬などに、八幡神の使いとされる鳩が描かれている。若宮社の隣にある菅原道真の腰掛石は学問成就にご利益があるとされる。

■住所：奈良市雑司町434　■電話：0742（23）4404　■拝観時間：境内自由　■交通：近鉄奈良駅からバス「大仏殿春日大社前」下車、北東へ徒歩約10分　■Map：P5⑦

奈良時代の大伽藍跡を彩るハギの黄葉

元興寺《がんごうじ》

平城遷都と同時に飛鳥から奈良に移された元興寺。かつては東大寺・興福寺に匹敵する大伽藍を誇った。現在は極楽堂とも呼ばれる本堂と禅室の脇には石塔などを集めた浮図田《ふとでん》があり、供え花のようにキキョウやハギなどやさしい風情の花が季節の風に揺れる。とくにハギは花も可憐だが、花が散ったあと葉が明るい黄色や茶色に染まる姿もいい。本堂の屋根には、一部に飛鳥時代から奈良時代の瓦を使った行《ぎょう》基葺《きぶ》きが見られる。さまざまな色の瓦を組み合わせた屋根の色は、ハギの黄葉にどこか似て見える。

本堂と禅室はもとは一つの建物だったものを二つに分けたといわれる。ハギの株は、この本堂と禅室の北側にある。国宝の五重小塔などが納められ、企画展も行われる収蔵庫（宝蔵殿）もぜひ見学を。

■住所：奈良市中院町11
■電話：0742（23）1377
■拝観時間：9時～17時
■拝観料：400円　■交通：近鉄奈良駅から南東へ徒歩約15分　■Map：P5⑪

北円堂や
三重塔へも
足を延ばして

興福寺《こうふくじ》

興福寺には塀がない。だから毎日の通勤や通学で通り抜ける人がいて、鹿もゆうゆうと寝そべっている。猿沢池から五十二段と呼ばれる石段を登るのもよいものだが、晩秋は、カエデが美しい登大路の側から境内へ入るか、東向《ひがしむき》商店街の途中から坂道を上り、北円堂から奥へと進むのがおすすめ。南円堂の西側にある三重塔、阿修羅像が安置されていた西金堂跡など、隅々までゆっくりと歩きながら、創建以来一三〇〇年の歴史にしばし思いをはせてみたい。

写真右は三条通りに面した土手から見た五重塔。写真上は西金堂跡付近から望む五重塔。興福寺は、五重塔や国宝館がある中心部から少し逸れ、本坊がある東側や三重塔がある西側付近を歩くと印象的な風景がみつかる。

■住所：奈良市登大路町48　■電話：0742 (22) 7755　■拝観時間：境内自由　国宝館・東金堂9時～17時　■拝観料：国宝館600円・東金堂300円　■交通：近鉄奈良駅から東へ徒歩約3分　■Map：P5⑩

江戸期と明治期、ふたつの時代の庭を味わう

依水園《いすいえん》

江戸時代の延宝年間（一六七三〜八一）、奈良晒《ならざらし》で財をなした清須美道清《きよすみどうせい》がここに別邸を設け、庭を作らせたことに始まる。この端正な前園から奥へ進むと、思いがけず広大な風景が広がり、若草山もぐっと近くに見える後園へ。ここは明治の終わりに、裏千家十二代又妙斎《ゆうみょうさい》が作ったとされる。晩秋には、マツやツツジの緑の間を、カエデやサクラ、ドウダンツツジの紅葉が彩る。庭を散策した後は、東洋の美術工芸品を中心に展示する寧楽《ねいらく》美術館へもぜひ立ち寄ってみたい。

若草山・春日山・御蓋山の三山がなだらかに広がる借景は奈良ならでは。後園の池の飛び石は丸く、断面には穴や筋目が。奈良晒で使われていた石臼の一部だそう。

■住所：奈良市水門町74　■電話：0742(25)0781　■開園時間：9時～16時半　■休館日：毎週火曜(4・5月、10・11月は無休)、年末年始　■入園料：一般900円　■交通：近鉄奈良駅から東へ徒歩約15分　■Map：P5⑨

自然の起伏を生かした景色を楽しむ

吉城園《よしきえん》

依水園と吉城川を挟んで並ぶ吉城園。入り口を過ぎたとたん木々に包まれ、小さな森の中に迷い込んだよう。奥へと歩いていくと、起伏のある地形をうまく取り入れた三種類の庭が次々にあらわれる。「池の庭」「苔の庭」「茶花の庭」と名付けられた庭のうち、晩秋におすすめなのは「苔の庭」。特に紅葉が散り始めたころを見計らって訪れると、茅葺《かやぶ》き屋根の「離れ茶室」前の苔の庭に紅葉が散り敷き、真っ赤な絨毯のようになる。この景色を堪能してみてほしい。

大正八（一九一九）年に造られた離れ茶室。その前にはビロードのようなスギゴケで覆われた「苔の庭」が広がる。苔の緑とカエデの赤とのコントラストが美しい時期を過ぎると、真っ赤な散り紅葉の風景へと移り変わる。

■住所：奈良市登大路町60－1　■電話：0742（23）5821　■開園時間：9時～16時30分　■開園日：庭園3月上旬～12月27日まで毎日開園　■入園料：大人250円、中学生以下・外国人観光客無料　■交通：近鉄奈良駅から東へ徒歩約15分　■Map：P5⑧

重森三玲作の名庭を彩る
艶やかな散り紅葉

春日大社

かすがたいしゃ

一之鳥居を過ぎたあたりから感じるどこか張り詰めた空気は、御旅所《おたびしょ》を過ぎ、うっそうと繁る春日の森に入るとますます濃厚になる。奈良時代、はるか常陸国《ひたちのくに》からタケミカヅチノミコトが白鹿に乗って御《み》蓋山《かさやま》に鎮座されたことに始まる春日大社。神聖なる御蓋山には神職ですら足を踏み入れることもままならない。その山裾にあたる境内は心静かに歩きたい。本殿と若宮社のほか、境内には六〇を超える摂社末社がある。紅葉の時期は、本社から春日奥山方面に歩を進め、カエデが群生している水谷《みずや》神社へもお参りを。

写真右は貴賓館内にある庭園「稲妻形遣水《やりみず》の庭」。重森三玲作で、枯山水に稲妻形の遣り水を配した。通常非公開だが、年一度程度公開される。写真上は南門のすぐ手前にある大イチョウ。社殿の朱色とイチョウの黄金色の組み合わせはまばゆいほど。

■住所：奈良市春日野町160 ■電話：0742（22）7788 ■参拝時間：6時30分〜17時（10月〜3月） ■交通：近鉄奈良駅からバス「春日大社本殿」下車すぐ ■Map：P5③

春日山の紅葉

岡本彰夫

春日山は神秘な山である。

仁明天皇は承和八(八四二)年、この山々を春日大神の神山と公認されて禁制を加え、以来一、一七〇余年に亘って、神と仏、そして人が護った山として、今は世界遺産の指定を受けている。

独立峰の「御蓋山《みかさやま》」は、春日大社の神体山(神奈備《かんなび》)であり、その後方に屏風のように聳える「春日山《かすがやま》」・「花山《はなやま》」・「芳山《ほやま》」の連峰も、「春日奥山」として奈良の人々から厚い信仰を集める、神の山なのである。

都市に隣接して、これだけの原生林が存在しているという事実は、世界にも稀な例であって、春日山は正に日本人の信仰の所産とすべき霊地に他ならない。

少し話は横道にそれるが、春日社・興福寺・東大寺は、神仏に用いる聖なる火を、この神聖な山の柴薪で燈し続けて来た。その際、山より採り来た薪に対し、更に浄化と祝福の芸能が加えられた。これが春日・興福寺の「薪能《たきぎのう》」で、現在全国の三百数十ヶ所で行われている薪能の発祥地は、まさにこの山なのである。

しかし他所では、その本義が失われ、単に薪を燃やして能をすれば、薪能だと思われているのは、実に悲しい出来事で、是非その本旨を想いおこしてもらいたいものだと思う。

さて、常々春日山にお仕え申しあげている神主から言わせてもらえば、この御山こそ、日本の将来を占う山であり、人類の心を正すべき山だと考えている。

その故は、「山木《さんぼく》枯槁《ここう》」という、不思議な現象があることだ。

罪深い人間どもの所業を、神々が憎まれた時、お鎮まり遊ばされている春日山を離れて、天上へとお還り遊ばされると言う。その時は、直ちに多くの山木が一様に枯れ始め、この兆《きざし》を以《もっ》て、人々は神慮を窺い知るのである。

因みにこの枯槁は歴史上十三ヶ度に及び、

文暦二（一二三五）年	二、一四八本
嘉元二（一三〇四）年	一、〇〇〇余本
延慶二（一三〇九）年	二、八〇〇本
嘉暦元（一三二六）年	三、四〇〇本
観応三（一三五二）年	八、〇二〇余本
貞治五（一三六六）年	二、五六〇本
応永十二（一四〇五）年	五、九〇七本
応永十四（一四〇七）年	三、一〇〇余本
明応二（一四九三）年	八四〇余本
永正三（一五〇六）年	四、五〇〇本
大永五（一五二五）年	六九〇余本
天和二（一六八二）年	一二、三〇〇余本

天保七（一八三六）年　一〇、七七九本の都合十三ヶ度である。

もしこの事件がおこると、早速、天皇様に奏聞《そうもん》。勅許を得て、「七箇夜之御神楽《ななかよのみかぐら》」と申しあげ、宮中に古くから伝承される「御神楽《みかぐら》」（一座数時間以上を要する）を、七晩に亘って奉納され、謝祭を行わせられる。春日社では、これに併せ毎夜「秘文之祝詞《ひもんののりと》」を奏してお詫びを申しあげるのである。

かくすれば樹木は、日を重ねて緑を取り戻し、元の平穏な御山へと戻られるのだという。

春日山の紅葉は、平素穏やかで懐の深い山々が、まさにその生命力を垣間見せる時であり、神の山が、今も活きているとの実感を持つ「旬《とき》」なのである。

そして、神仏からの教えを、この山々より感じ取って来た、日本人の素晴らしい信仰心と感性を、再確認出来る瞬間であると私は考えている。

（春日大社権宮司）

写真下は春日大社境内の中で紅葉の美しい場所として知られる水谷神社あたりの紅葉。水谷川にかかる橋を渡ると、趣のある茅葺き屋根の茶屋も。写真左は春日山原始林の秋色。晩秋はとりわけ空気が透き通って感じられる。

高円山《たかまどやま》

大文字送り火の
山から絶景を

標高四三二メートル。白毫寺《びゃくごうじ》の裏手から登ることもでき、毎年八月一五日に行われる大文字送り火の火床《ひどこ》あたりからは、カエデの赤からイチョウの黄まで、様々な色合いに染まる若草山や春日山、奈良市内を一望できる。晴れた日は南山城(京都府)まで見渡すことも。奈良時代には聖武天皇が狩りをされた場所とも伝わる。当時からこの眺めの良さは変わっていないだろう。国見《くにみ》もするような大らかな気持ちで、晩秋の景色を見ることができる場所である。

写真は高円山ドライブウェイから見た奈良盆地。大和三山、葛城山系も見渡せる。山頂はさらに上だが、ふもとにある白毫寺の境内からも奈良市内がよく見渡せる。

■住所：奈良市白毫寺町　■電話：0742（26）7213　■交通：近鉄奈良駅からバス「高畑町」徒歩約20分　■Map：P5⑤

奈良ではめずらしい浄土式庭園の紅葉

円成寺《えんじょうじ》

円成寺の紅葉は東門《ひがしもん》から始まる。短いながら紅葉のトンネルのような参道は、かつて県道であった。左に浄土式庭園の苑池があり、右側に楼門が見えてくる。ふだんは楼門から出入りはできないが、このあたりに立ち、ゆっくりとあたりを見まわしてほしい。池に映り込む紅葉、楼門前の石段に散り敷く紅葉……とシャッターを切りたくなる風景ばかりだ。重要文化財の本堂、運慶二十歳の作である大日如来坐像（国宝）など、紅葉を見ただけで帰るのは惜しい名刹である。

写真右は本堂東側の縁。いずれの建物も手入れが行き届き、紅葉の赤がよく映える。写真上は、苑池の中島越しに見る晩秋の楼門（重要文化財）。

■住所：奈良市忍辱山町《にんにくせんちょう》1273 ■電話：0742（93）0353 ■拝観時間：9時～17時 ■入山料：大人400円 ■交通：近鉄奈良駅からバス「忍辱山」下車すぐ ■Map：P4⑥

赤と黄が、
競い合い、
混じり合う

弘仁寺

こうにんじ

清澄《きよすみ》の里にある平安時代初期に開かれた寺で、十三まいりで知られる。カエデの並木は参道から始まる。山門をくぐり境内へ進むと、弘法大師作の虚空蔵菩薩がおられる本堂あたりでは、大きなイチョウが黄金に、カエデが真紅にと競うように色づく。厚く散り敷いた葉も、黄と赤とが混じり合い、独特の美しさを醸し出す。紅葉の時期でも人が大挙して訪れるということはほとんどない静けさの中で、心ゆくまで晩秋のひとときを過ごしてみたい。

山深い場所にある弘仁寺では、初雪が降る頃まで紅葉が散らずに残っている年も。写真は、うっすらと雪化粧した本堂とまだ散らずに残っている紅葉との得難いショット。

■住所：奈良市虚空蔵町46 ■電話：0742（62）9303 ■拝観時間：9時～17時 ■入山料：200円、拝観料：400円 ■交通：JR・近鉄奈良駅からバス「高樋町」下車、南東へ徒歩約5分 ■Map：P5⑬

渓流が育む
カエデとナンテン

正暦寺

しょうりゃくじ

「錦の里」と称される正暦寺。山深い地にありながら、平安時代の正暦三（九九二）年創建と伝える。創建当初は八〇を超える塔頭が建ち並んだ大伽藍の面影は、いまは点々と残る石垣にしのぶよりない。清流菩提仙川《ぼだいせんがわ》の両側など、境内には実に三千本ものカエデがあり、朝晩は冷え込み始めると、まるで錦を織り上げてゆくように順に赤く色づいていく。紅葉を追いかけるように、千本を超えるナンテンの実も赤く色づき、参道がさらに華やかになるのも正暦寺ならではの風景である。

福寿院の塀の前に広がる秋の風景。大イチョウの黄葉とカエデの紅葉が散り敷く。

■住所：奈良市菩提山《ぼだいせん》町157　■電話：0742（62）9569　■拝観時間：9時～17時（12月～2月の期間は16時30分まで）　■拝観料：境内自由　福寿院客殿500円　■交通：JR・近鉄奈良駅から臨時バス（紅葉の時期のみ）「正暦寺」下車すぐ　■Map：P5⑫

興福院《こんぶいん》

一条通り沿いにある参道の入り口から続く桜並木。春は花、秋は桜紅葉に誘われ、突き当たりまで進むと、威厳を感じさせる興福院の大門が見えてくる。本瓦葺きの四脚門《しきゃくもん》で江戸時代初期のもの。興福院の開基は和気清麻呂ともいわれ、現在は尼寺となっている。ふだんは一般公開しておらず、門は閉じられていることが多い。境内には本堂のほか、小堀遠州作とも伝える庭園と客殿や茶室がある。晩秋には天に枝を伸ばした紅葉が、人気のない静かな尼寺に彩りを添える様子が大門から垣間見られる。

中門越しに見る境内の紅葉。赤く色づくと、静謐な時間が流れる境内が華やぐ。この門をくぐった奥に、客殿、茶室と庭園がある。

■奈良市法蓮町881 ■電話：0742（22）2890 ■拝観時間：9時～11時（要事前予約・ただし7～8月、12～2月は閉門） ■拝観料：300円 ■交通：JR・近鉄奈良駅からバス「佐保小学校前」下車すぐ ■Map：P5⑭

水上池
みずがみいけ

二〇〇〇年ほど前の垂仁《すいにん》天皇の時代に作られた狭城《さき》池《いけ》に始まるともいわれる水上池。平城京の北の外れにあたる場所で、いまもたっぷりと水を湛えている。歩いてすぐのところにある仁徳天皇皇后の磐之媛《いわのひめの》命《みこと》陵や小奈辺《こなべ》古墳、目を上げれば遠くに若草山が見える。護岸工事をしていない自然のままの岸辺は散策コースにうってつけ。晩秋は点々と立つカエデの木を見上げながら歩くのも楽しい。四季折り折りの水鳥などたくさんの野鳥が集まる場所としても有名で、バードウォッチャーの姿もよく見かける。

野鳥の集まる水上池では、秋が深まると、マガモ、コガモ、ミコアイサなど多くの水鳥が冬を越すために渡ってくる。池の周囲の草紅葉、カエデの紅葉とともに水鳥たちの姿に心いやされる。

■住所：奈良市佐紀町　■交通：近鉄大和西大寺からバス「平城宮跡」下車、北へ徒歩約10分　■Map：P5⑮

神功皇后陵《じんぐうこうごうりょう》

奈良市内には、古墳が意外なほど多い。特に平城宮跡の北側一帯には、大型の前方後円墳など古墳が50基も集まっていて、佐紀《さき》盾列《たてなみ》古墳群と呼ばれている。そのうち最も大きな前方後円墳が神功皇后陵（五社神古墳）だ。皇后は、妊娠中にも関わらず新羅《しらぎ》との戦いを指揮したとされ、その後、皇子（応神天皇）を無事出産したという。勇敢さと母性とを併せ持った女性像が浮かぶ。御陵は全長二七三メートル。一年中濃い緑の木々に、ところどころ黄色く色づく木々が混じり、周濠《しゅうごう》に美しく映り込む。岸辺の草紅葉《くさもみじ》にも目を止めつつ、平城京以前の奈良に思いを遊ばせてみたい。

夕暮れ迫る神功皇后陵。御陵付近は地元の人の格好の散歩コースになっている。写真のような夕暮れどきや早朝を選んで訪れれば、いにしえに心遊ばせつつ、晩秋のひとときを満喫できる。

周濠に映り込む
緑と黄の二重奏

■住所：奈良市山陵《みささぎ》町　■交通：近鉄平城駅から北へ徒歩約3分　■Map：P5⑯

唐招提寺《とうしょうだいじ》

鑑真《がんじん》和上《わじょう》が開いた名刹。秋が深まると、南大門をくぐったとたん紅葉が目に飛びこみ、平成の鴟尾《しび》を掲げた金堂へと誘ってくれる。参拝する人の多い金堂周辺を過ぎ、和上が眠っておられる御廟、受戒の場である戒壇あたりはいつも落ち着いた空気が漂っている。和上の坐像が安置される御影堂《みえいどう》あたりはサクラやカエデの赤や雑木の黄、御廟前の苔の庭の緑とカエデの赤の組み合わせは心洗われるよう。国宝の経蔵には、日本最古の校倉《あぜくら》に朱を添えるようにカエデの木が寄り添っている。

写真上は晩秋の金堂。八本の円柱がずらりと並んでいるのが特徴のひとつ。五間の板戸のうち、中央の三枚の扉から本尊盧舎那仏坐像、千手観音像、薬師如来立像（すべて国宝）を拝観できる。鴟尾は平成の大修理で取り替えられた。
写真左は戒壇の北側、応量房付近。境内の随所にカエデがある。

■住所：奈良市五条町13—46　■電話：0742（33）7900　■拝観時間：8時30分～17時　■拝観料：600円　■交通：近鉄西ノ京駅から北へ徒歩約10分　■Map：P5⑰

■奈良公園とその周辺

秋の色というとカエデの紅葉が一般的だが、十月の終わり、奈良公園はナンキンハゼや桜葉の赤、朱が先に彩る。その頃から十二月中旬まで、様々な色が変化しながら平城京とその周辺を染め上げるのが奈良市内の秋である。

奈良公園から春日大社、東大寺、興福寺辺りは参道の紅葉に見とれて歩くと、いつの間にか境内に誘われる。公園では若木に鹿の食害防止で金網が掛けられてはいるが、それも奈良独自の風景として一興。葉の鮮やかさが充分違和感をカバーしてくれる。十一月下旬から十二月上旬が見頃。

■春日大社・春日山周辺

春日大社の貴賓館にある「稲妻形遣水の庭」は不定期公開で、運が良ければ拝見できる名庭だ。背後にそびえる春日山は入山禁止。しかし月日磐《つきひのいわや》から若草山頂に至る遊歩道から原始林の紅葉を楽しめる。乗用車ならば新若草ドライブウエイで若草山頂から高円山に通り抜けるコースも設定できる。

■東大寺と佐保・佐紀路

東大寺では高台にある二月堂から秋景色の境内や興福寺、平城宮とその北に連なる丘陵が見渡せる。万葉の時代から人々の心を捉えていた平城山《ならやま》の秋。沈みゆく夕日に包まれる景色は心の中にまで浸み込んでくる。東大寺転害門から法華寺を経て西に向かう佐保《さほ》・佐紀路《さきじ》は落ち着いた散策路。興福院ほか点在する古寺や社、史跡、古墳を繋ぐ道は隠れた奈良を思う路。時折吹く風が、幻想からふっと現在に戻らせる。

■元興寺

意外と知られていないのが元興寺の秋。十一月から十二月にかけて萩の黄葉が美しい。奈良町で息づく人々の生活感を味わったのち境内に立つと、時が遡って鎌倉時代の空気が建物の中から萩の枝を伝わって滝のように流れ出る。

■奈良市郊外の寺々―唐招提寺・円成寺・正暦寺・弘仁寺

西に向かうと唐招提寺。境内の紅葉は控えめだ。いつも清浄にされている鑑真廟や伽藍の周辺には所々に赤や黄が散らばる。振り返って東山中の円成寺は庭園と楼門、背景には秋の山。その静かな風景が柔らかく調和している。十一月中旬から十二月上旬が見ごろだ。

南郊の正暦寺は紅葉の名所として有名な古刹。福寿院の座敷に上がると庭越しに色とりどりの葉が秋に染まる。木々というのは一斉には紅葉しない。住職がおっしゃった。「様々な色が有って秋になる。ここを錦の里というのはその様な意味ですから」。同じ清澄の里にある弘仁寺も紅葉の名所で、いずれも十一月中旬から十二月上旬が見頃。

秋の奈良市周辺は社寺や庭園が縦糸になり紅葉が横糸になる。一枚の布に織り上げるのは拝見する自分自身である。

（桑原英文）

生駒から葛城へ

朝護孫子寺の参道（平群町）

芭蕉も越えた峠道から、色づく山並みを望む

暗峠越奈良街道《くらがりとうげごえならかいどう》

難波《なにわ》（大阪）と平城京とを最短距離で結ぶ道として奈良時代に設けられた奈良街道の暗峠越え。車でも苦労するような急勾配や鬱蒼とした山道が続くが、ハイキングを楽しむ人も多い。伊勢本街道でもあり、江戸時代には俳聖松尾芭蕉がこの道を通って、奈良から大坂へ最期の旅をした。紅葉の時期には、石畳の暗峠から奈良方面へ下ったあたりからの眺めをぜひ。棚田越しに赤く色づいた山並みが広がる。枚岡《ひらおか》神社（東大阪市）近くの法照寺前の坂道、豊浦橋あたりの紅葉も美しい。

南生駒駅から上っていき、西畑町のうどん店を過ぎたあたりの風景。印象派の絵画のような温かみのあるオレンジ色に染まった木々が、田畑の奥に何本も重なっている。

■住所：生駒市西畑町
■交通：近鉄南生駒駅から西へ徒歩約1時間
■Map：P7②

奈良時代の名僧
行基の墓所に
寄り添う赤

竹林寺《ちくりんじ》

生駒山《いこまやま》の東の麓にあるこの小さな寺院に、奈良時代の名僧行基《ぎょうき》の墓所がある。行基といえば、東大寺の大仏を造る際、人々の心を束ねる役割を果たした。寺院だけでなくため池や橋を作り、人々の暮らしを助けたという言い伝えが全国に残っている。国の史跡に指定されている行基の墓所には寄り添うようにカエデの木が立ち、晩秋には華やかに色づく。行基を慕った鎌倉時代の僧忍性《にんしょう》の墓所もすぐ脇にある。

行基の墓所近くにある石地蔵。境内のカエデの赤と、お地蔵様の鮮やかな前掛けの赤色とが、晩秋の日差しに映えている。

■住所：生駒市有里町211－1 ■電話：0743（77）8030 ■拝観時間：境内自由 ■交通：近鉄一分《いちぶ》駅から西へ徒歩約15分 ■Map：P7①

それぞれの塔頭で競うように色づく紅葉

矢田寺《やたでら》

矢田寺の正式な寺号は金剛山寺《こんごうせんじ》。創建は天武天皇の時代に遡り、七堂《しちどう》伽藍《がらん》と四十八もの僧坊を誇った時代もあった。現在は本堂、講堂などとそれぞれの塔頭《たっちゅう》が残り、約一万株のアジサイが咲きそろう時期が人気だが、紅葉の時期もまたしっとりとした風情でよい。本堂まで続く参道の両側に並ぶ塔頭の庭では色づいたカエデが競うように染まる。本堂裏山には遍路道《へんろみち》がある。四国霊場八十八カ所になぞらえた石仏に手を合わせつつ、雑木林の紅葉黄葉を愛でるのもいいものだ。

四つ残る塔頭のひとつ南僧坊の前から見た境内。紅葉に彩られた道を進むと、本堂、閻魔堂があり、さらに奥には御影堂がある。

■住所：大和郡山市矢田町3549　■電話：0743（53）1445（大門坊）　■拝観時間：8時30分～17時　■入山料：なし（アジサイ園のみ400円）　■交通：近鉄郡山駅からバス「矢田寺」下車すぐ　■Map：P7④

磨崖石仏群に供える秋の彩り

金勝寺《きんしょうじ》

奈良時代、行基が竜田川《たつたがわ》の龍神を崇め、開いた寺とも。金堂へと続く参道は、まるで紅葉のトンネル。境内も紅葉や黄葉で染まる。また金堂の南側には、室町~江戸時代にかけて刻まれた磨崖《まがい》石仏群がある。中でも戦国時代、平群谷《へぐりだに》を支配した嶋左近《しまさこん》の妻が生前供養のために造らせたとされる「茶々逆修の石仏」は、遠目にもおだやかな表情なのがよくわかる。全部で十四体ある石仏群へ、秋の彩りをお供えするかのように、ここでも紅葉が枝を延ばしている。

晩秋の磨崖石仏群。高さ九メートル、幅六メートルの岩肌に、薬師如来坐像や宝篋印塔（ともに室町時代）などが刻まれている。

■住所：生駒郡平群町椣原《しではら》53 ■電話：0745 (45) 0110 ■拝観時間：境内自由 ■交通：近鉄元山上口駅から北へ徒歩約5分 ■Map：P7⑤

役行者の母親が行に励んだ「女人山上」

千光寺《せんこうじ》

修験道の開祖である役小角《えんのおづぬ》ゆかりの千光寺。息子を思うあまり、母親がこの地でともに行に励み、小角が去ったあとも修行を続けた。そのため、「女人山上《にょにんさんじょう》」とも称され、信仰を集めてきた。晩秋は、この寺の旧参道である鳴川渓谷沿いの山道から始まる紅葉が、赤く染まる境内へと誘う。山門へと上る石段にずらりと並ぶ役行者像も圧巻。表と裏の二種類がある行場もまた、それぞれに紅葉や黄葉で彩られる。

写真上は、境内の奥まった場所にある行者堂。行者堂の手前には鉄の杖と鉄の下駄が置いてある。この下駄を履き、数歩歩くと願いが叶うという。
写真左は境内にある池。境内には不動明王と役行者（小角）像がいくつも祀られている。

■住所：生駒郡平群町鳴川188 ■電話：0745（45）0652（千光寺ユースホステル） ■拝観時間：境内自由 ■交通：近鉄元山上口駅からタクシーで約10分 ■Map：P7③

納

聖徳太子ゆかりの
寅の寺を彩る
カエデの輝き

信貴山《しぎさん》・朝護孫子寺《ちょうごそんしじ》

聖徳太子が物部守屋《もののべのもりや》と戦う際、この山で寅の年、寅の日、寅の刻に毘沙門天を感得し、祀ったことに始まり、張り子の福寅が出迎えてくれる。山の中腹に抱かれるように伽藍が広がるこの寺の晩秋は実にカラフル。カエデの赤、雑木の黄などが混ざり合う。また、樹齢約五百年のイチョウの黄葉も見事。木の枝ぶりが千手観音のようで、ギンナンが合掌に似ていることから「仏手白果《ぶっしゅはっか》」と名付けられている。赤門へ向かう参道脇にある。

写真右は張り子の福寅のあたりから見上げた本堂。あたかも木の葉の錦をまとっているかのようだ。写真上は開運橋でシャッターを押した一枚。大門池になだれ込むかのように繁る木々は、秋の色と緑のツートンカラーだ。

■住所：生駒郡平群町信貴山2280－1　■電話：0745（72）2277　■拝観時間：境内自由　■交通：JR・近鉄王寺駅から奈良交通バス「信貴大橋」から徒歩約5分　■Map：P7⑥

風も「からくれなゐ」に染まる
約二キロの遊歩道

竜田川

たつたがわ

百人一首には竜田川がでてくる歌が二首ある。在《あり》原《わら》業平《なりひら》と能因《のういん》法師の作で、どちらも紅葉の美しさを称えたもの。現在の竜田川はもともと平群川と呼ばれていたもので、平安時代の竜田川とは違うという説はあるものの、約二キロにわたる遊歩道から見る紅葉は、やはり息をのむような美しさ。「ちはやぶる神代《かみよ》も聞かず竜田川からくれなゐに水くくるとは」などとつぶやきたくなる。毎年十一月下旬に紅葉祭りが開催され、三室山《みむろやま》とともに多くの人で賑わう。一キロほど西に行くと、崇神天皇の時代に創建され、風神を祀る龍田大社がある。こちらも紅葉の名所である。

竜田川にかかる朱塗りの橋は「紅葉橋」と「堂山橋」。川の両側に続くカエデの並木と相まって、王朝絵巻のような風景を見せてくれる。

■住所：生駒郡斑鳩町稲葉車瀬2－553　■電話：0743（51）0205（竜田公園）　■交通：JR・近鉄王寺駅または近鉄奈良駅からバス「竜田大橋」から北へ徒歩約３分　■Map：P7⑦の右上周辺

［龍田大社］■住所：生駒郡三郷町立野南１－29-1　■電話：0745（73）1138　■交通：JR三郷駅から北へ徒歩約８分　■Map：P7⑦

美に耐える

千田 稔

龍田

大和のもみじといえば、龍田、龍田といえば、もみじといわれて久しい。
もみじが主役となるのは、能の「龍田」であろう。金春禅竹《こんぱるぜんちく》の作と伝わる。南都から竜田川に至った納経の聖《ひじり》らが、ワキ「此川《このかわ》を渡り明神《みょうじん》に参らばやと思ひ候《そうろう》。」と言う。明神は龍田大社のこと。三郷《さんごう》町立野《たつの》南に鎮座する。竜田川を渡ろうとするが、巫女《みこ》たる女人（シテ）はなんだかんだと言って渡らせてくれない。歌人藤原家隆《いえたか》の「竜田川　紅葉を閉《と》づる薄氷《うすごおり》　渡らばそれも中や絶《た》えなん」という歌を引用して、また、渡るのを阻止される。竜田川に張る薄氷のなかにもみじはその美しさを保っているので、今、川を渡るとこわしてしまうと言う。と言いながらも、別の道を通って神社まで案内してくれた。

とすると、境内には一本だけまだ紅葉している見事な木があって、巫女は「これは神木《しんぼく》だ」と言って龍田の縁起を語る。実はこの巫女は龍田姫《たつたひめ》、神の化身なのだ。
僧たちが夜を徹して神のあらわれるのを待つところに神があらわれ、神楽を舞い、国の安寧《あんねい》を祝して、天に昇る。

地「神風松風、吹き乱れ吹き乱れ、もみじ葉散り飛ぶ……謹上再拝《きんじょうさいはい》、再拝再拝と。山河草木《さんがそうもく》。国土治まりて、
　神は上《のぼ》らせ。給《たま》ひけり」

「神風松風、吹き乱れ吹き乱れ、もみじ葉散り飛ぶ……」

という表現は、龍田大社が風の神だからである。

薄氷の張る初冬に、境内にたった一本の紅葉があって神木だという。草木山河に神が宿るという、いかにもこの国の神信仰そのものである。

でも、私は思う。人々が愛《め》でるもみじは、まもなく落葉する最期の艶姿である。落葉という「死」の悲しみが宿す美しさに耐えている姿を感じとる人はいない。紅葉を愛でる人の心は紅葉の悲しみに届いてはいない。

紅葉の龍田大社境内（三郷町）

当麻

當麻寺《たいまでら》の紅葉もすばらしい。境内が、もみじの浄土である。當麻寺に参詣して、中将姫《ちゅうじょうひめ》の伝説を思わないことはない。姫が蓮の糸で織った曼陀羅は宝蔵に秘蔵されているというが、近年見事に修復されてよみがえった。

謡曲「当麻《たえま》」は、世阿弥《ぜあみ》晩年の傑作とされる。

シテ・ツレ「濁《にご》りに染《し》まぬ蓮《はちすむ》の糸　濁りに染まぬ蓮の糸の五色《ごしき》にいかで染《そ》めぬらん。」

當麻寺の山号を二上山《にじょうざん》という。『万葉集』の「黄葉《もみち》を詠む」から一首を引く。

大坂《おおさか》をわが越え来れば二上《ふたかみ》に黄葉《もみちは》流るしぐれふりつつ

（巻一〇―二一八五）

時雨《しぐれ》の頃である。大坂を越えて来れば二上山に黄葉が流れるように散っている。時雨に打たれたのだろう。先の「龍田」の聖たちは河内《かわち》（大阪府）を東西に並走する二本の道路のうち、北の大津道《おおつみち》をめざすと思われるが、この歌は南の丹比道《たじひみち》（竹内街道《たけのうち》）をたどって来た人が歌ったものだろう。

二上山といえば、大津皇子《おおつのみこ》にふれねばならない。大津皇子は謀反《むほん》のかどで、死を賜《たまわ》る。朱鳥元年（六八六）十月三日（今日の暦に換算すると十月二十八日となる。）に葬られたとされる二上山のあたりは色づき初めていた。

うつそみの人なるわれや明日よりは二上山を弟世《いろせ》とわが見む

（巻二―一六五）

姉大伯皇女《おおくのひめみこ》が伊勢に斎王として仕えていたが、大和に急いだ。十一月のことである、この世の人間である姉の私は、明日からは大津皇子が葬られている二上山を弟と見ようと思うと詠んだ。

私は大津皇子のことを思う。新羅《しらぎ》の僧行心《ぎょうしん》に、人臣《じんしん》として天皇に仕えるような骨相《こっそう》ではないと、謀反を起こすことをすすめられた。人間には迷いがつきまとう。栄誉へのあこがれが、大津皇子をして自重の枠をとりはずさせ、狂乱の舞を踊らせた。人間という存在の切なさをしきりと思う。

私は、ここでも、落葉寸前なるがゆえに美しさに耐えている當麻寺のもみじに、死を控えた才子、大津皇子を重ねてしまう。才子なるゆえの愚かさであろう。

（奈良県立図書情報館館長）

東西ともに残る三重塔を照らす山紅葉

當麻寺《たいまでら》

当寺のご本尊は、奈良時代、中将姫《ちゅうじょうひめ》が蓮から取った糸で一夜で織ったと伝わる當麻曼陀羅《まんだら》。日本最古の梵鐘や石燈籠で知られる境内には十三の塔頭《たっちゅう》がある。秋の終わりには、それぞれの庭園の紅葉も美しいが、山裾に添うように建つ東西の塔のあたりの紅葉も見応えがある。奈良時代に前後して建てられた東西の三重塔はともに国宝。何より両塔が創建当時のまま今に伝わっているのは全国でもここだけである。

写真上は、西南院の「みはらし台」から望む二つの三重塔。手前が西塔で、奥が東塔。写真左は、西南院の庭園。この庭では、赤い「西南院紅」、黄色い「西南院右近」の間に緑のカエデが並ぶ。毎年ほんの三、四日に限って見ることができる特別な風景だ。

■住所：葛城市當麻1263　■0745(48)2008　■拝観時間：境内自由　本堂・金堂・講堂　9時〜17時　■拝観料：本堂・金堂・講堂共通で500円　各塔頭の庭の拝観：300〜500円　■交通：近鉄当麻寺駅から西へ徒歩約15分　■Map：P7⑩

當麻寺《たいまでら》 奥院《おくのいん》

當麻寺塔頭の奥院は、浄土宗総本山知恩院の「奥之院」として建立された寺である。知恩院の御本尊として安置されていた法然上人像（重要文化財）を、後光厳天皇の勅許を得て応安三（一三七〇）年、当地に遷座して建立し、浄土宗の大和本山として多くの人々の信仰を集め、今日まで護持継承されてきた。境内には、二上山を借景に、四季折々の植物で彩られる浄土庭園がある。この庭には多くのカエデだけでなく、晩秋に花を咲かせる四季桜（十月桜）があり、年によっては、紅葉と満開の桜とが一度に見られる。何とも贅沢な組み合わせである。

広々とした浄土庭園には様々な植物が植えられているが、一番の見どころは奥まったところで色づくカエデの木。すぐ脇に四季桜（十月桜）があり、時期をねらっていけば、紅葉と桜の両方を見ることができる。

■住所：葛城市當麻1263　■電話：0745（48）2008　■拝観時間：9時～17時　■拝観料：庭園のみ300円、宝物館・庭園500円　■交通：近鉄当麻寺駅から西へ徒歩約20分　■Map：P7⑩

葛城山麓からの風が
境内を染め上げる

笛吹神社《ふえふきじんじゃ》

葛城古道《かつらぎこどう》沿いにある古社。笛吹神社というのは通称で、正式な名前は葛木坐火雷神社《かつらきにいますほのいかづちじんじゃ》。笛・音楽の神様と、火の神様を祀る。毎年十一月十五日には、火切りで火を起こし、火に感謝し、火災などが起こらないよう祈願する鎮火祭が執り行われる。この祭の頃から、境内は少しずつ紅葉で彩られていく。歴史を感じさせる苔むした石段に散る紅葉も、日露戦争の後、国から贈られたというロシア製大砲のあたりに散る紅葉もそれぞれ違う趣きがある。

本殿に向かう急な石段の脇に、見事な枝ぶりの紅葉がある。一歩ずつゆっくりと歩きながら、秋の彩りを堪能したい。

■住所：葛城市笛吹448 ■電話：0745（62）5024 ■拝観時間：境内自由 ■交通：近鉄・JR御所駅から奈良交通バス「櫛羅《くじら》」から西へ徒歩約15分 ■Map：P7⑪

二上山・鳥谷口古墳

にじょうざん　とりたにぐちこふん

雄岳（標高五一七メートル）と雌岳（標高四七四メートル）の間に日が沈むことから、神聖な山として崇められてきた二上山。飛鳥時代、悲劇的な最期をとげた大《おお》津皇子《つのみこ》の墓所が雄岳の山頂にあることでも知られる。しかし、一九八三年に偶然発見された鳥谷口古墳がそうではないかという説も。古代史ロマンに彩られた二上山の晩秋は、雄岳山頂まで歩くのも楽しい。また赤や黄、緑など様々な色で粧う山の姿を、鳥谷口古墳から望むのも一興。

写真上は、香芝市良福寺交差点近くの千股池から。ここは二上山の雄岳と雌岳の間に沈む夕日の撮影スポットとして有名。
写真左は、大津皇子が葬られた場所という説がある鳥谷口古墳。奥に見えるのは、二上山の雌岳。

■住所：葛城市染野（鳥谷口古墳）　■交通：近鉄当麻寺駅から西へ徒歩約30分（鳥谷口古墳まで）　■Map：P7⑧⑨

悲劇の大津皇子が眠る聖なる山の秋

■生駒・暗峠越・矢田寺

生駒山の手前に細長く横たわる矢田丘陵の中腹に位置する矢田寺。十一月下旬の遠望はわずかに葉の色づきが分かる程度。しかし、境内まで上がると本堂に映える紅葉はなかなか見事なものだ。丘陵を西に越えると正面には生駒山が広がる。この山塊を越える道の一つが暗峠越奈良（大坂）街道だ。

奈良市の三条通りを西に、追分から椢木《むろのき》峠、暗峠を越えて大阪市内に向かうこの峠道。十一月から十二月上旬に歩くとススキが風に揺れ、背景は雑木の紅葉を一面に羽織って「暗」という名は似合わないほど風情がある。

■金勝寺・千光寺

生駒から国道168号を竜田川にそって南に下ると金勝寺がある。すんなり通り過ぎそうな小さな寺だが、昔は子院が三十六もあった大寺院。今は多くの楓がその歴史を覆っている。

千光寺は元山上《もとさんじょう》というだけあって修験《しゅげん》の寺。生駒谷から鳴《なる》川《かわ》の急坂を上った静かな環境にある寺で、途中の石仏や秋景を楽しみながら訪れる人が多い。いずれも十一月下旬が見頃。

■竜田川・龍田大社

奈良の紅葉はやはり竜田川。十一月下旬、竜田大橋から三室山付近にかけて紅葉が鮮やかに彩る。有名なわりに観光客は少なく、のんびりと過ごせる名所だ。

龍田大社は風の神。紅葉はわずかな節《ふし》で枝と繋がる。彩りを愛でる人間にしたら、風も柔らかく吹いて欲しいとお願いしたい神様だ。

■信貴山

信貴山に上がると「開運橋」という縁起の良い名前の橋が迎えてくれる。この上から見る景色は大門池に映えて美しい。進んで朝護孫子寺。参道からは紅葉が本堂を支えているような光景が見られ、本堂からは秋色の境内の展望も楽しめる。見頃は十一月下旬から十二月上旬。

■當麻寺・二上山

固有な名前が付いているカエデは珍しい。當麻寺西南院庭園の紅葉「西南院紅」と黄葉の「西南院右近」の二本だ。樹齢はおよそ三百年。この庭園には紅と黄、その真ん中に緑と、三色の楓が並んでいる。池に映る西塔、三色の楓、そこに水琴窟の響き。なんとも贅沢な秋を味わえる。見頃は十一月下旬の数日だけだ。

當麻というと二上山。大津皇子の本当の墓所ともいわれる鳥谷口古墳周辺は「山懐」というのがふさわしい静かな一角。一日の終わりに訪れるとさすがに寂しく、山頂を照らしていた夕陽も静かに薄らいで、まるで万葉の挽歌のようだ。見頃は十一月下旬から十二月上旬。

（桑原英文）

山の辺の道から
宇陀・曽爾へ

長谷寺　登廊と紅葉（桜井市）

山の辺の道にある花と
大地獄絵の寺

長岳寺

ちょうがくじ

山の辺の道沿いには案外少ない寺院のひとつで、弘法大師が開いたと伝わる。関西花の寺二十五ヵ所のひとつで、秋の紅葉は「日本紅葉の名所一〇〇選」に選ばれている。見頃は十一月中旬から下旬にかけて。ちょうど同じ時期の十月二十三日から十一月三十日は毎年、狩野山楽筆の大地獄絵(奈良県指定文化財)が開帳される。週末には住職による絵解き説法も行われる。名調子を堪能した後は、本堂前の放《ほう》生《じょう》池《ち》に映る紅葉を愛でつつ、広い境内を散策しよう。

本堂前の庭園のカエデは、毎年深みを感じさせる赤色に染まる。奥に見えるのは日本最古といわれる鐘楼門(重要文化財)。弘法大師創建と伝わる長岳寺に唯一残る、創建当時の遺構である。

■住所：天理市柳本町508
■電話：0743(66)1051
■拝観時間：10時～17時
■拝観料：300円　■交通：JR柳本駅下車、東へ徒歩約20分　■Map：P6①

歴代芝村藩主の眠る寺の大カエデ

慶田寺《けいでんじ》

箸墓《はしはか》古墳から歩いてすぐの慶田寺。観光客はあまり訪れることもない寺だが実は紅葉が美しい。また、織田信長から連なる織田氏にゆかりがあることを、本堂や山門に使われている織田木瓜紋《もっこうもん》が物語っている。信長の末弟で茶人でもあった織田有楽《うらく》は、所領をあえて自分と二人の息子とで分けて相続し、徳川家に恭順の意を示した。その有楽の四男に始まる芝村藩主の菩提寺である。山門をくぐると、鐘楼脇の大カエデが華やかに出迎えてくれる。

山門をくぐってすぐの場所にあるカエデの木は塀の外からも見える。墓所には、歴代の芝村藩主の墓と、織田有楽の分骨墓がある。

■住所：桜井市芝753　■電話：0744（42）6209　■拝観は事前予約　■交通：JR・近鉄桜井駅から奈良交通バス「芝」下車、西へ徒歩1分　■Map：P6③

大兵主神社

だいひょうずじんじゃ

穴師《あなし》という地名も、兵主神という神様の名前も耳慣れない。それも二千年前に創建されたとも伝わる古社ゆえだろうか。山の辺の道から少し逸れた場所にあるが、広々とした境内のそこここに大きなカエデが地につくほど枝を伸ばし、どれもが見事に紅葉する。大和を代表する古社らしく、紅葉にも重ねてきた年月の重みが感じられる。すぐ近くに、野見宿禰《のみのすくね》と當麻蹶速《たいまのけはや》が初めて相撲をとったと伝わる相撲神社もある。

紅葉スポットとしてはまだまだ知名度は低く、訪れる人も少ないが、鳥居をくぐった途端、頭上も足元も赤と黄の世界に。境内はほんのりと明るくなり、「紅葉明かり」という言葉が体感できる場所だ。

■住所：桜井市穴師1065　■電話：0744（42）6420　■拝観時間：境内自由　■交通：JR巻向駅から東へ徒歩約25分　■Map：P6②

境内に響く
朝の声明とともに
愛でる秋

長谷寺《はせでら》

花の御寺《みてら》と称えられる古刹は、紅葉の名所でもある。まず境内全体でサクラの葉が紅葉した後、五重塔のあたりのカエデが赤く染まってゆく。平安時代に造られた登廊《のぼりろう》、国宝で舞台造りの本堂から見る風景が美しい。長谷寺では元日を除く毎朝、平安時代の創建以来、声明《しょうみょう》が欠かすことなく唱えられてきた。少し早起きをしてお参りすれば、朝の澄んだ空気と、境内に響き渡る声明とともに、ひと味違う紅葉の風景に出会えることだろう。

写真右は、本堂の前方にある舞台から見た晩秋の境内。山に沿うように伽藍が配置されていることがよくわかる。
写真上は五重塔と紅葉。五重塔は昭和二十九（一九五四）年に建てられたものだが、バランスがよく、風格さえ感じられる。

■住所：桜井市初瀬731－1 ■電話：0744（47）7001 ■拝観時間：9時～16時半（10月～3月） ■拝観料：500円 ■交通：近鉄長谷駅から北へ徒歩約20分 ■Map：P6⑦

談山神社《たんざんじんじゃ》

談山神社がある多武峰《とうのみね》は、奈良で一、二を争う紅葉の名所。飛鳥時代、中大兄皇子《なかのおおえのおうじ》と中臣鎌足《なかとみのかまたり》が蘇我《そが》氏を討つ相談をした地として知られ、逝去した際に天皇から藤原の姓を賜った鎌足を祀っている。毎年十一月十七日の鎌足の命日に行われる例大祭が終わると、山全体が赤から黄色のグラデーションに色づき始める。世界でも唯一の木造十三重塔（重要文化財）も見どころ。端正な檜皮葺《ひわだぶ》き屋根の重なりと、紅葉との組み合わせはうっとりするほど美しい。

写真上はいくつもの堂宇の間を埋めるように木々が紅葉する境内。

写真左は、色づくカエデと木造十三重塔。高さは約一七メートル。当初の塔は父・藤原鎌足の冥福を祈り、長男・定慧と次男・不比等が天武七（六七八）年に建立した。

■住所：桜井市多武峰319　■電話：0744（49）0001　■拝観時間：8時半～16時半　■拝観料：500円　■交通：JR・近鉄桜井駅から奈良交通バス「談山神社」下車すぐ　■Map：P6⑥

多武峰の錦にそびえる
木造十三重塔

三輪山・大神神社

みわやま・おおみわじんじゃ

大物主神《おおものぬしのかみ》が鎮まる三輪山をご神体とする大神《おおみわ》神社は日本最古の神社のひとつ。二の鳥居から先の参道はうっそうとした木々に囲まれ、夏でもひんやりとした空気に包まれる。また、大美和《おおみわ》の杜《もり》の展望台からは、大和三山、二上山、葛城山などを見晴らすことができる。さらに足を伸ばして、檜原《ひばら》神社へ。ここは二上山に沈む夕日が美しく見える場所としてもよく知られている。それぞれに古代ロマンを秘めた山々の秋の粧いを見比べてみたい。

檜原神社近くの井寺池から見る三輪山。井寺池のまわりには万葉歌碑が四基建つ。振り返れば二上山がくっきりと見える。この写真も夕暮れ迫る時刻に撮った一枚。なお、檜原神社は大神神社の摂社。

■住所：桜井市三輪1422 ■電話：0744（42）6633 ■拝観時間：境内自由 ■交通：JR三輪駅から東へ徒歩約5分（大神神社） ■Map：P6④

天智天皇と鎌足に愛された
万葉歌人が眠る地

鏡王女墓

かがみのおおきみはか

鏡王女《かがみのおおきみ》は天智天皇の妃から藤原鎌足の正妻になったという万葉歌人。墓所と伝わる小さな古墳は舒明天皇陵のさらに先にある。かつてはまわりに立派な松があったが現在はすべて枯れ、杉の林に。秋も終わりに近づくと、すっくと立つカエデが赤く色づき、華やぎを添える。周辺は忍阪《おっさか》と呼ばれる静かな集落で、まるで時間が止まってしまったよう。万葉学者の犬養孝《いぬかいたかし》、作家の川端康成、写真家の入江泰吉の各氏も魅了された場所だ。

鏡王女の万葉歌で有名なのが「秋山の樹の下隠り逝く水のわれこそ益さめ御思よりは」（巻二の九二）。天皇を思う気持ちを、あからさまには見えない「秋の山の樹の葉がくれに流れる水」にたとえた歌である。

■住所：桜井市忍阪　■電話：0744（42）6633（談山神社）　■交通：JR・近鉄桜井駅から奈良交通バス「忍阪」下車、東へ徒歩約8分　■Map：P6⑤

晩秋は雲海も期待できる眺望を堪能

榛原鳥見山公園

はいばらとりみやまこうえん

標高七三五メートルの鳥見山頂上付近に広がる公園で、山裾からハイキングを楽しむ人が多い。万葉歌碑や神武天皇聖跡伝承地の石碑などがある。数千本も咲きそろうツツジの名所だが、秋の紅葉の美しさもよく知られるようになった。勾玉池《まがたまいけ》に映り込む紅葉と、展望台からの宇陀《うだ》の山々、阿騎野《あきの》の秋景色も美しい。紅葉の見頃を迎える晩秋から冬の初めは、幻想的な雲海が出る可能性も高い時期だ。

紅葉の頃は、ツツジが満開の時期とはまた違う、落ち着いた雰囲気になる鳥見山公園。写真は、公園内にある勾玉池のまわりに広がる秋の彩り。標高が高く、晩秋は平野部よりも肌寒く感じる。

■住所：宇陀市榛原萩原　■電話：0745（82）2457（宇陀市商工観光課）　■交通：近鉄榛原駅から奈良交通バス「警察署前」下車、北西へ徒歩約30分
■Map：P6⑧

万葉の音、大和の音

上野　誠

こもりくの
泊瀬《はつせ》の山は
色付きぬ
しぐれの雨は
降りにけらしも

（『万葉集』巻八の一五九三）

喧嘩というものは、じつに愚かなものである。昨秋、カナダ旅行から帰って来た友人が、あまりにもカナダの紅葉は素晴らしいと力説していたのに腹が立った。「紅葉は日本だろぉーよ！」と、私は喧嘩を売ったのである。すると、お前はあのカナダの紅葉の鮮やかさを知らないからだ、と抗う友人。愚かな話だ。じつは、私はカナダの紅葉を知らないのだ。でも、スゴイという話だ。

が、しかし。このエッセイの依頼は、奈良の秋のエッセイを書けとのこと。はてー。困った。じつは、ものを見たり、聞いたりして美しいと思うのは、生後に行われたトレーニング（学習）の成果なのである。つまり、鉄棒の逆上がりができるようになるのも、人の目を見て話すことができるようになるのも、はたまた恋愛をするのも学習の成果なのである。もちろん、知らず知らずのうちに、学習をしている場合もあるし、意識してトレーニングすることもある。生きとし生けるものは、死ぬまで学習するという性質を持っているのだ。味についても、それはしかりで、たとえば私には、一本千円のワインも十万円のワインも同じように感じられるのだが、学習を積めば、味は分かるようになるということである。

音についてもしかり。万葉びとが、繊細に感じとった音に、鹿の鳴き声がある。「鹿の鳴き声」と「秋萩」は、秋の「音」と「景」を代表するものとして歌われていることが多い。その一例に、大伴坂上郎女《おおとものさかのうえのいらつめ》が跡見《とみ》の庄(奈良県桜井市外山《とび》)で作った歌二首がある。

妹《いも》が目を　初見《みそめ》の崎の　秋萩は　この月ごろは　散りこすなゆめ

吉隠《よなばり》の　猪養《ゐかひ》の山に　伏す鹿の　妻呼ぶ声を　聞くがともしさ

(巻八の一五六〇、一五六一)

一首目では「初見の崎の秋萩よ、しばらくは散らないでおくれ」と歌い、二首目では「吉隠(桜井市吉隠)の猪養の山に棲む鹿の、妻を呼ぶ声が、独り寝の私には……うらやましい」と歌っている。

じつは、冒頭に掲げた一首は、同じ大伴坂上郎女の歌であり、こちらは、雨で早まった紅葉を歌うものであった。「泊瀬の山はすっかり色づいた。しぐれの雨が降ったに違いない」という歌である。

こういった歌々が生まれるのは、「萩の開花」と「鹿の発情」と「紅葉」が同時期であるということを生活のなかで常に実感しているからなのである。はるかに聞く鹿鳴。それは、まぎれもなく大和の音であり、古代の音であった。私は、一回生にこう言う。万葉を学ばんとする者は、鹿の鳴き声を聞け、萩を見よ、紅葉を見よ、と。

鹿の鳴き声に対する、磨ぎ澄まされた万葉びとの感覚をうかがえる歌がある。

夕《ゆふ》されば　小倉《をぐら》の山に　伏す鹿し　今夜《こよひ》は鳴かず　寝《い》ねにけらしも

（巻九の一六六四）

「夕方になると、小倉の山に来て伏す鹿が、今宵《こよい》は鳴かずに寝てしまったのか」。作者は毎日鹿の声に耳を澄ましているから、鳴き声が聞こえてこないと「寝てしまったのかなぁ」と「伏す鹿」を想起したのである。音を知る者は、静寂の空白を知る者である。私は、ヨハン・ホイジンガの『中世の秋』（堀越孝一訳、中公文庫上・下、一九七六年、中央公論社）に倣って、いつか『古代の秋』という本を書きたいと思っている。もちろん、冒頭はこの歌から語り始めることに決めている。紅葉、萩、鹿鳴……史に学ぶものは、まず感性を磨かなくてはならない。

（奈良大学文学部教授／万葉文化論）

大野寺

おおのでら

室生寺《むろうじ》の末寺でかつては西門であったという。山門手前にある大イチョウが黄葉し、散り始めるころ、宇陀川の向こう岸に刻まれた磨崖仏《まがいぶつ》のまわりにあるカエデも赤く色づき始める。崖に高さ約一四メートルの弥勒如来立像《みろくにょらいりゅうぞう》が刻まれていて、本来は境内から参拝する。鎌倉時代のもので、落慶法要には後鳥羽上皇も訪れたという。秋晴れの日は、岩肌が紅葉の赤に染まっているかのようにも見える。春のしだれ桜が有名だが、晩秋もぜひ足を運んでほしい場所だ。

ガードレールに沿って大きなイチョウの木が立っている。その黄葉越しに見る磨崖仏。黄金色のイチョウの葉と、川岸のカエデの赤がお互いに引き立て合っているよう。磨崖仏は曇っている日の方が美しく見える。

■住所：宇陀市大野1680 ■電話：0745 (92) 2220 ■拝観時間：8時～17時 ■入山料：200円 ■交通：近鉄室生口大野駅から南へ徒歩約5分 ■Map：P6⑩

女人高野で出会う
艶やかな赤の風景

室生寺《むろうじ》

女人高野《にょにんこうや》の別名を持つ真言宗の寺院。女人の入山を禁じていた高野山の代わりに、室生寺は男女問わず参拝を受け入れた。室生川にかかる朱塗りの太鼓橋、その付近の紅葉はいかにも艶やか。橋を渡り、仁王門を経て、鎧坂《よろいざか》へ。自然石積みの石段を上れば名仏がそろう金堂があり、このあたりの紅葉は澄んだ空気の中で深みのある彩りを見せてくれる。さらに赤に黄に染まった木立ちを抜ければ国宝の五重塔。日本最小で、法隆寺五重塔に次いで古い塔である。

写真は、自然石を繊細に積み上げた鎧坂越しに見る金堂。しっとりと色づく枝をくぐり、金堂に入れば、中尊の釈迦如来坐像、十一面観音像など、数々の国宝仏にまみえることができる。

■住所：宇陀市室生78　■電話：0745 (93) 2003　■拝観時間：8時30分～17時　■拝観料：600円　■交通：近鉄室生口大野駅から奈良交通バス「室生寺前」下車すぐ　■Map：P6⑪

秋の彩りに満ちる、薬草の里の古刹

大願寺
だいがんじ

寺伝によると聖徳太子の時代まで遡り、江戸時代には宇陀松山藩歴代藩主の祈願寺であったという。山門にかかる「薩埵《さった》山」の扁額は第四代藩主・織田信武の直筆だそうだ。毎年十一月半ばを過ぎると、山門に至る石段から境内まで、カエデの赤や大イチョウの黄金色で華やぎ始める。「おちゃめ庚申《こうしん》」と呼ばれる愛らしい石仏もうれしそう。予約すれば薬草《やくそう》料理がいただけるのも、中世以来、吉野葛《よしのくず》の産地として栄えてきた薬草の里ならでは。

有名な大イチョウを背に、カエデを撮った一枚。境内の至るところで、イチョウの黄金色と、カエデの真紅が混じり合う。ゆっくりと過ごしながら、自分だけのお気に入りの風景を見つけてみたくなる。

■住所：宇陀市大宇陀拾生736 ■電話：0745 (83) 0325 ■拝観時間：境内自由 ■交通：近鉄榛原駅から奈良交通バス「大宇陀」下車、西へ徒歩約3分 ■Map：P6⑨

ダイナミックな奇岩の
屏風に描く秋の景

屏風岩公苑

びょうぶいわこうえん

曽爾《そに》村の屏風岩は、国天然記念物で、高さ約二〇〇メートルもの巨岩が岩肌もあらわに、まるで屏風を立てたように垂直に立っている。毎年十一月に入ると山のカエデや雑木が色づき始める。ふもとからは、紅葉の錦の裾模様で彩られた巨大な岩の屏風が見渡せる。ダイナミックでそれでいて繊細にさまざまな色が複雑に混じり合う。一度は見ておきたい絶景紅葉だ。ハイキングコースも人気がある。

屏風岩の陰影が濃くなるのは早朝と夕暮れ時。この写真は夕方の光でとらえた晩秋の絶景。駐車場から少しだけ上がったあたりで撮影した。見るほどに、自然の造形美を讃えずにはいられなくなる。

■住所：宇陀郡曽爾村長野9（屏風岩公苑）■電話：0745（94）2106（曽爾村観光協会）■交通：国道369号の掛交差点より車で北へ約10分（屏風岩公苑）■Map：P6⑫

■長岳寺・慶田寺・大兵主神社

奈良盆地の東縁、天理から桜井の秋を味わうならば山の辺の道。龍王山麓は柿の紅葉が美しい。天理から大和神社の森や大古墳群を遠望しながら桜井を目指して歩くと長岳寺。こぢんまりとした庭園に紅葉が彩りを添える。

桜井市に入り古道からは外れるが、慶田寺には信長の弟、織田有楽の墓がある。そんなこともあって秋にはお参りがてら境内の紅葉を写真に収める人もある。いずれも十一月中旬が見頃。

隠れた名所もある。桜井市穴師の集落から東に入った大兵主神社。十一月下旬、紅葉の盛りに訪れても観光客はほとんどいない。ましてや晩秋は参道や境内の赤い落葉の絨毯を踏みしめる人もなく、ただ風が吹くと落葉が舞うカサッというわずかな音を聞くだけだ。

■三輪山・長谷寺

三輪山を回り込み伊勢街道（国道165号）を東に向かうと西国三十三所第八番札所の長谷寺。登廊、本堂の周辺、五重塔、奥院と、境内のあちらこちらにカエデの紅葉が見られる。本堂の舞台から見る伽藍や初瀬《はつせ》の谷。特にここから見る夕暮れは絶景だ。暮れてゆく空には薄赤い雲、眼下には境内の紅葉。本堂内陣では本尊、十一面観音も灯りの中で同じ風景をご覧になっている。

■談山神社・鏡王女墓

紅葉の名所、談山神社。本殿に向かう石段周辺や十三重塔、神廟拝所付近は空からの光が秋の葉を通り、鮮やかさを増して人々を照らす。観光客は木々を見上げ一様に嬉しそうな顔をする。秋の風景は心のセラピストの一面も見せている。

本殿の東には鏡王女を祀る恋神社があるがその王女の墓がある忍阪。舒明《じょめい》天皇陵の裏手になる墓の周辺は談山神社の賑わいとは対照的な静かな秋がある。十一月中旬から下旬。

■宇陀から室生へ

額田王《ぬかたのおおきみ》ゆかりの地とも言われる桜井市粟原《おおばら》を過ぎ、女寄峠を越えると大宇陀だ。一歩町中に入ると城下町の風情。十一月下旬、大願寺の境内では見事な紅葉が見られる。予約すれば薬草料理もいただける。

室生寺に向かう前に立ち寄りたいのが大野寺。大磨崖仏と紅葉が宇陀川を挟んで対岸にあり、境内のイチョウも彩りを添える。室生寺は女人の参詣が許された真言宗の寺。紅葉はそんな寺史に似合っていて、秋の室生は女性の人気が高い。十一月中旬から下旬が見頃。

■曽爾

三重県と境を接するこの村は兜岳、鎧岳など柱状節理の景観で知られるが、屏風岩周辺は十一月上旬、見頃を迎える。岩と植物が織りなす景色は力強く見ごたえがある。（桑原英文）

飛鳥から吉野へ

吉野山（吉野郡吉野町）

私の愛する吉野の紅葉

田中利典《りてん》

紅葉の名所と言えば大方が楓《かえで》の紅葉である。日本中に美しい楓の紅葉名所は点在する。ところが吉野山の紅葉というと、楓ではなく、全山を覆う山桜の紅葉が主役となる。楓と違って山桜は、毎年そんなに上手に色づくわけではなく、年ごとの気候に左右されるため風景が変則で、またその紅葉も、眩しいばかりの錦秋というより、可憐で深い色合いとなる。そこに他の名所とは異なる、吉野独特の風情を感じるのは私だけではあるまい。

吉野山にも幾ばくかの美しい楓の名木はあるし、秋には綺麗な紅葉や黄葉に彩られるが、全山を覆うのは山桜ばかりなのである。

これにはわけがある。

今から約千三百年前、我が国固有の山岳宗教・修験道《しゅげんどう》の開祖と尊崇される役行者《えんのぎょうじゃ》が、吉野の山深く修行に入られ、大峯山《おおみねさん》山上《さんじょう》ヶ岳《がたけ》で一千日の修行をされた。その難行苦行の末、忿怒《ふんぬ》の形相《ぎょうそう》も凄まじい悪魔降伏の尊・金剛蔵王権現《こんごうざおうごんげん》という修験独特の御本尊を祈り出されたと、金峯山寺《きんぷせんじ》では伝えている。そしてそのお姿を役行者は山桜の木に刻んで、山上ヶ岳の山頂と、麓の吉野山にお祀りされたのが金峯山寺の始まりであり、以来、吉野山では山桜は蔵王権現のご神木として尊んできた。

役行者は「桜は蔵王権現の神木だから切ってはならぬ」と里人に諭されたともいわれ、吉野山では「桜は枯枝さえも焚火にすると罰があたる」といって、大切に大切に守られてきたのである。江戸時代には「桜一本首一つ、枝一本指一つ」といわれるほどに、厳しく伐採が戒められたほどであった。

また更に、当地を訪れる人たちが蔵王権現への信仰の証として、千年以上にわたって山桜を献木しつづけ、吉野山は山も谷も、ご神木の山桜に埋め尽くされることとなる。ゆえに吉野山は日本一の桜の名勝地となったのである。

桜を慕う西行が吉野の奥に三年のわび住まいをし、太閤秀吉が徳川家康、伊達政宗、前田利家といった戦国大名の勝ち残り組五千人を引き連れて日本で最初の大花見の宴を催し、芭蕉をはじめ多くの文人墨客が時間と空間をこえて、吉野の桜に魅了されたのであった。

しかしそれは桜花爛漫の春の話。

花を散らせ、深緑の季節を過ごし、秋の寒風に桜葉が色づいて、また春とは違う佇まいに姿を変えるのが初冬の吉野。その景色に、深い信仰と長い時間を刻んだ歴史を感じるのが吉野山の紅葉鑑賞の醍醐味である。紅葉の色合いばかりに目を奪われるのではなく、その風景の背後に潜む聖なる営みに心を寄せてこそ、紅葉の吉野の、真の素晴らしさに出会えるのである。

私の愛する吉野の紅葉はうつろう人の命の営みと、蔵王権現の聖なる命の有り難さと重なりあって、今年もきっと紅《あか》い冥加《みょうが》に燃えることであろう。

（金峯山修験本宗宗務総長）

木の葉の彩りに包まれ、古代史の余韻にひたる

石舞台古墳

いしぶたいこふん

明日香を代表する観光スポットといえば、大小三〇数個の石を重ねた石舞台古墳。飛鳥時代、絶大な勢力を誇った蘇我馬子《そがのうまこ》の墓ではないかと考えられている。最近では、この石舞台古墳公園は、現代アートやライブなどのステージとしても活用されている。朝晩冷え込む時期になると、カエデはそれほど多くないが、公園の周囲の木々が明るい黄色からオレンジ、茶色などに色づき始め、いっそう懐かしさを誘う風景となる。

東側の高台から見た石舞台公園のすぐ隣にある明日香村地域振興公社「明日香の夢市」。二階は農村レストランで、石舞台を見ながら食事が楽しめる。

■住所：高市郡明日香村島庄 ■電話：0744（54）4577 ■入館時間：8時半〜17時 ■拝観料：200円 ■交通：近鉄橿原神宮前駅から奈良交通バス「石舞台」下車、東へ徒歩約3分 ■Map：P7⑰

赤いトンネルが誘う日本最初の厄除け霊場

岡寺
おかでら

かつて飛鳥で暴れる龍を境内の龍蓋池に封じ込めたといわれ、正式な寺号は龍蓋寺《りゅうがいじ》という。だが、地元でも地名にちなむ岡寺と呼ぶ人がほとんど。日本最初の厄除け霊場ともいわれるこの寺の参道は、晩秋を迎えるとあたかも紅葉のトンネルのようになる。塑像《そぞう》では日本最大級の如意輪《にょいりん》観音像を安置する本堂付近でもカエデが色づく。約五〇〇年ぶりに再建され、平成十三（二〇〇一）年に完成した三重宝塔のあたりのカエデも美しい。

本堂と紅葉。この寺を開いた義淵僧正についてははっきりしたことが伝わっていないが、門下からは東大寺の初代別当である良弁や、大仏創建に奔走した行基が出ている。

■住所：高市郡明日香村岡806 ■電話：0744（54）2007 ■拝観時間：8時～17時（12月～2月は16時半） ■拝観料：300円 ■交通：近鉄橿原神宮前駅から奈良交通バス「岡寺前」下車、東へ徒歩約10分 ■Map：P7⑯

稲渕

いなぶち

棚田《たなだ》の風景で知られる稲渕。最近「奥明日香」と呼ばれ、注目され始めているエリアだ。棚田の畦道をヒガンバナが彩る風景にも心惹かれるが、稲刈りが終わり、案山子《かかし》も片付けられ、村全体がほっとひと休みしているように見える晩秋の雰囲気もまた捨てがたい。棚田の向こうで、雑木が暖色系に色づいてゆく山々を背景に、『万葉集』にも詠われた飛鳥川の川べりのところどころで、真っ赤なカエデと出会う。

手前に広がるのは稲渕の田圃。雑木林の紅葉をはさんで奥に広がるのは、「上」と書いて「かむら」と読む集落。この集落からさらに奥へ行くと、談山神社のある多武峰に至る。

■住所：高市郡明日香村稲渕　■交通：近鉄橿原神宮前駅から奈良交通バス「石舞台」下車徒歩約30分　■Map：P7⑱

天香具山

あまのかぐやま

中大兄皇子《なかのおおえのおうじ》が「香具山は　畝火《うねび》ををしと　耳梨《みみなし》と相《あい》あらそひき……」（『万葉集』巻一の一三）と詠んだ大和三山のうち、もっとも神聖な山とされてきた。標高一五二・四メートル。小高い丘を思わせる山姿だが、ふもとにある天岩戸神社、天香山《あまのかぐやま》神社のあたりはやはり独特の雰囲気が漂う。晩秋は、全山が黄から赤のグラデーションで色づき、桜で覆われる春とは違う顔をみせる。南麓は、橿原市昆虫館や遊具があるふるさと公園になっている。

ふるさと公園がある東側から登ったところでの風景。雑木の黄葉に心が和む。『万葉集』で有名な歌の解釈にはいくつかあるが、「香具山」は男性で、女性の「畝傍山」をめぐり、「耳成山」と争うととる説が有力。

■住所：橿原市南山町624 ■電話：0744（21）1115（橿原市観光課） ■入山自由 ■交通：近鉄大和八木駅から橿原市コミュニティバス「昆虫館前」下車すぐ ■Map：P7⑮

控えめな墳墓を見守るカエデの木

太田皇女墓

おおたのひめみこはか

太田皇女は、妹・鸕野讃良皇女《うののさらら》とともに大海人皇子《おおあまのおうじ》の妃となった。非業の死を遂げた大津皇子《おおつのみこ》とその姉・大伯皇女《おおくの》を産んだが、若くして亡くなり、その墓所は、祖母にあたる皇極《こうぎょく》・斉明《さいめい》天皇陵(車木ケンノウ古墳)のすぐ近くにある。小さな墳墓へ向かう山道、そして石段の脇には大きなカエデの木が一本。幹はそれほど太くないが、大きく枝を広げ、秋が深まるにつれ、緑から赤へと少しずつ少しずつ染まってゆく。

太田皇女の墓所へと続く石段。秋が深まると、石段脇にあるカエデが、若くして亡くなった皇女を慰めるように、やさしい赤に染まる。いつもひっそりと、寂しげな場所が、一年でもっとも華やいで見える。

■住所：高市郡高取町車木 ■電話：0744(52)3334(高取町役場) ■交通：JR掖上《わきがみ》駅から北東へ徒歩約10分 ■Map：P7⑲

苔むした石垣がつなぐ山城の歴史

高取城跡

たかとりじょうあと

司馬遼太郎も『街道をゆく』で「高取城は、石垣しか残っていないのが、かえって蒼古《そうこ》としていい」と書いている城跡。標高五八四メートルの高取山山頂付近に建てられた山城で、今はすっかり苔むした石垣を見ながら歩ける登山道がある。もっとも見晴らしのよい国《くに》見《み》櫓《やぐら》跡からは大和三山や生駒山などが一望できる。紅葉の季節に美しいスポットは、二の丸跡と新櫓跡付近。毎年紅葉が見頃と重なる十一月二十三日（祝）には「たかとり城まつり」が行われる。

高取城跡は赤く染まるカエデも多いが、写真の大手門周辺では、オレンジがかった黄に染まるものが多い。木によって違う色合いを見せる様子を、石垣に沿って歩きながら見比べてみたい。

■住所：高市郡高取町高取
■電話：0744（52）3334（高取町観光案内所「夢創館」）
■交通：近鉄壷阪山駅から車で約15分、徒歩で約50分
■Map：P7㉑

カエデの赤が インド渡来の石仏に映える

壺阪寺

つぼさかでら

南法華寺ともいい、西国三十三所観音霊場の第六番札所。本尊十一面千手観世音菩薩は眼病に霊験あらたかといわれ、盲目の沢市《さわいち》とその妻お里の夫婦の愛情あふれる人形浄瑠璃『壺坂霊験記』の舞台でもある。現在は、高さ二〇メートルの白い大観音石像や大涅槃石像が目を引く。広々とした境内は、初夏はラベンダーの香りに包まれ、秋はカエデの赤に染まる。壺阪山全体もとりどりに色を変え、インド渡来の石仏の肌の白さとのコントラストがいつまでも心に残る。

大観音像のある場所へ行くまでのワンショット。写真の石像は大釈迦如来石像。台座の高さ五メートル、仏像の身丈は一〇メートル。右手に見えるのはインド・アジャンタ石窟寺院をモデルにした大石堂（納骨永代供養堂）。

■住所：高市郡高取町壺阪3 ■電話：0744（52）2016 ■拝観時間：8時半～17時 ■拝観料：600円 ■交通：近鉄壺阪山駅から車で約8分、または奈良交通バスで約10分「壺阪寺前」下車すぐ ■Map：P7⑳

さわやかな秋を感じる
鴨氏発祥の地の古社

高鴨神社

たかかもじんじゃ

古代の豪族である鴨《かも》氏発祥の地に建ち、全国にある賀茂《かも》という名のついた神社の総本社。貴重なニホンサクラソウが、約五百種類二千株以上も育てられていることでも知られるが、手入れの行き届いた境内は紅葉の時期も美しい。一の鳥居から拝殿に至るまでの参道、その脇にある池のまわりなど枝ぶりのよいカエデが多く、社殿を引き立てるように赤色に色づく。東神社、西神社など十八社もある摂社のまわりも紅葉ポイントが多い。

池の面に拝殿前の朱塗りの欄干が映り込み、まるで赤い橋がかかっているようにも見える。晴天の日には、この写真と同じような光景を見ることができる。

■住所：御所《ごせ》市鴨神1110 ■電話：0745(66)0609 ■拝観時間：境内自由 ■交通：近鉄御所駅から奈良交通バス「風の森」下車徒歩約5分 ■Map：P7⑬

白雲峰を祀る
天孫降臨ゆかりの地

高天彦神社

たかまひこじんじゃ

この神社の周辺は『古事記』や『日本書紀』で天孫降臨《てんそんこうりん》の舞台となった高天原の地と伝えられ、いつ訪れても独特の神聖な雰囲気に包まれる。神社では古代豪族の葛城《かつらぎ》氏が篤く信仰した高皇産霊尊《たかみむすびのみこと》を祀るが、ご神体は拝殿の向こうに見える白雲峰であり、本殿はない。晩秋になると、円錐形の白雲峰の木々がさまざまに染まってゆく。境内参道ではドウダンツツジが赤く色づき、樹齢数百年の杉並木の参道がぐっと華やかになる。

参道には、真紅に色づくドウダンツツジの株がずらりと並ぶ。こんもりとよく茂った株ばかりで見ごたえがある。

■住所：御所市北窪158 ■電話：0745（66）0609 ■拝観時間：境内自由 ■交通：近鉄御所駅から奈良交通バス「鳥井戸」下車徒歩約40分 ■Map：P7⑫

栄山寺《えいさんじ》

吉野川にかかる橋を渡り、秋色に着替えた山裾に広がる境内へ。奈良時代創建の藤原氏ゆかりの寺で、中でも有名なのが、後に恵美押勝《えみのおしかつ》の名を賜る藤原仲麻呂《なかまろ》が父である武智麻呂《むちまろ》の追善のために建立した八角堂。内部には天平時代の柱絵、天井絵などが残る。本堂、大日堂のほか、菅原道真選、小野道風書の梵鐘《ぼんしょう》などの合間合間で赤く色づいたカエデの木と出会う。十月二十五日から十一月の第三日曜には本堂で秘仏薬師如来坐像の特別開帳がある。

奈良時代創建の
藤原氏ゆかりの寺で
出会う秋の彩り

八角堂近くのカエデに少し遅れて、写真の本堂近くのカエデが紅葉し始める。広々とした境内のカエデは、その場所によって色づく時期に差があるため、長い期間紅葉を楽しむことができる。

■住所：五條市小島町503　■電話：0747 (24) 0065　■拝観時間：9時～16時半　■拝観料：400円
■交通：JR五条駅から奈良交通バス「栄山寺前」下車すぐ　■Map：P7⑭

吉野山《よしのやま》

全国に知られる桜の名所。三千本にも及ぶ山桜の葉がさまざまに色づき始めるころも訪れる価値がある。人々でごった返す花の時期からは考えられないような落ち着いた雰囲気に、かつて大海人皇子が、後醍醐天皇が吉野山を目指した歴史に思いをはせるのもいい。桜紅葉に続き、吉野神宮、吉水《よしみず》神社、高城山《たかぎやま》周辺ではカエデの紅葉も見ごろを迎える。花矢倉展望台からの風景もダイナミックでいい。秋にはライトアップイベントも開催される。

写真は、秋なかばの吉野山。春の山桜の花時とはまた違う雰囲気に包まれる。シャッターを切った場所は、如意輪寺から花矢倉展望台に向かう途中にて。

■住所：吉野郡吉野町吉野山　■電話：0746（32）1007（吉野山観光協会）
■交通：ケーブル吉野山駅から車で20分（花矢倉展望台）　■Map：P6⑬

西行庵《さいぎょうあん》

こよなく花を愛した歌人西行《さいぎょう》（一一一八～九〇）は漂泊の旅に生き、吉野山の奥千本《おくせんぼん》とよばれる一角でも数年を過ごしたという。金峯神社からさらに奥へ。秋が深まるころ、小さな庵のまわりのカエデは透明感のある赤に変わる。花のころも、晩秋もここまで足を延ばす人はそれほど多くなく、心静かに紅葉を堪能できることだろう。西行が歌に詠み、後に芭蕉も句に詠んだ苔清水もすぐ近く。いまも変わらず清らかな水が湧き続けている。

芭蕉も憧れた歌人、西行も見たに違いない晩秋の景色。吉野山もこのあたりまで来ると、さらに空気が透き通っているように感じられる。

写真左は、西行庵の前にあるカエデの木。

■住所：吉野郡吉野町吉野山 ■電話：0746（32）3081（吉野町まちづくり振興課） ■交通：ケーブル吉野山駅から車で約20分で金峯神社へ、ここから南へ徒歩約20分 ■Map：P6⑭

高見川《たかみがわ》

東吉野村を流れる高見川沿いは、黄に赤に粧う山を背景に、悠々とした川の流れに枝を大きく延ばしたカエデの木が次々に現れ、車を走らせながら紅葉狩りが楽しめる。また、丹生川上《にうかわかみ》神社（中社）の周辺も紅葉が美しいスポット。水を祀った古社の風格ある鳥居のあたり、朱塗りの蟻通《ありとおし》橋から眺める晩秋の景色は一見の価値がある。夢淵《ゆめぶち》というロマンチックな名前のついた場所はエメラルドグリーンの水面にカエデの赤が映える。

夕暮れ時、月が見え始める時間に出会った風景。吉野川との合流点付近で撮った高見川。この近くにある浄見原《きよみはら》神社は奈良県無形文化財に指定されている国栖奏《くずそう》で知られている。

■住所：吉野郡東吉野村小968　■電話：0746（42）0032（丹生川上神社中社）　■拝観時間：境内自由　■交通：近鉄榛原駅から奈良交通バス「蟻通」下車すぐ　■Map：P6⑰

万葉の里の
古社で出会う
巨樹と紅葉

桜木神社

さくらぎじんじゃ

大海人皇子《おおあま》（後の天武天皇）が大友皇子《おおとも》に攻められた際、この地にあった大きな桜の木に身をひそめ、難を逃れたという言い伝えが残る。桜木神社という名の所以である。樹齢八〇〇年に及ぶ大杉は年中色を変えないが、晩秋には、この神社のすぐ前を流れる象《きさ》の小川《おがわ》（喜《き》佐《さ》谷《たに》川）沿いのカエデが美しく染まる。この川は万葉集にも出てくるが、清らかな流れを見ていると古代の人々がこの川に魅かれた理由もわかる気がする。この川にかかる「こぬれ橋」という名の屋根付きの小さな橋も風情がある。

象の小川越しに見る鳥居は朱塗り。鳥居の奥には拝殿、本殿が続く。山に溶け込むような境内にたたずむと、大海人皇子が身をひそめたという逸話の信憑性も増す。左側に見えるのが大杉。

■住所：吉野郡吉野町喜佐谷 ■電話：0746 (39) 9091 ■拝観時間：境内自由 ■交通：近鉄大和上市駅から奈良交通バス「宮滝」下車徒歩約15分 ■Map：P6⑯

宮滝
みやたき

古代、聖なる山として崇められたという青根ヶ《あおねが》峰《みね》。夫である天武天皇から皇統を継いだ持統《じとう》天皇が三十一回も行幸《ぎょうこう》したという吉野離宮跡は、その青根ヶ峰を真南に望む宮滝あたりにあったのではといわれる。巨岩を濡らす吉野川が深い青緑色を見せる宮滝。春は桜、夏は涼を求めて訪れる人が多いが、毎年十一月中旬ごろから周囲の山々が紅葉し始め、やがて宮滝のまわりも秋の色に染めていく。すぐ近くにある吉野歴史資料館へもぜひ立ち寄ってみたい。

川の上流からの風景。写真では見えないが、画面の左側には、象の小川が注ぎ込む小さな滝がある。むき出しになった岩肌に、雑木林の黄葉がやさしい彩りを添えてくれる。

■住所：吉野郡吉野町宮滝348 ■電話：0746（32）1349（吉野歴史資料館） ■入館時間：9時～17時（土日祝祭日以外は事前予約） ■入館料：200円 ■交通：近鉄大和上市駅から奈良交通バス「宮滝」下車、北へ徒歩約3分 ■Map：P6⑮

■明日香村……岡寺・石舞台古墳・稲渕

西国三十三所の第七番札所の岡寺は、秋の境内を巡ると紅葉も多い。天人が浮き彫りにされた塼《せん》でも有名であるが、西国巡礼の参拝者はその天人が舞うような紅葉の下で御朱印を受ける。

石舞台は旅行で必ず立ち寄る所。紅葉の派手さはないが周囲の公園には秋草が風に揺れる。ここから稲渕、栢森《かやのもり》はハイキングにちょうど良い道。刈り取りが済んだ棚田に雑木の紅葉が彩りを添える。いずれも十一月中旬から十二月上旬が見頃。

■高取町……高取城跡・壺阪寺

壺阪寺と高取城跡、いずれも紅葉の名所だ。壺阪寺は武家屋敷がある高取の街なみの山手にあり、西国三十三所の第六番札所。楓が伽藍とインドの石で作った大石仏、レリーフの合間に色を添える。

高取城跡はさらに奥に入った高取山にあり、城下町からは歩くと一時間ほどかかるが、乗用車でも壺阪経由で城跡近くまで行ける。石垣は近世の物だが、紅葉の向こうには築城された遠く南北朝時代までの歴史が染まる。見頃は十一月中旬から下旬。

■御所・五條……高天彦神社・高鴨神社・栄山寺

金剛山麓には橋本院、高天彦神社、高鴨神社などを結ぶ葛城古道の道しるべ。車で巡るのなら山麓バイパスが便利で、高天原まで一気に駆け上がる。村中の高天彦神社の秋は静寂そのもの。時折聞こえる野鳥の声に、愛好家でなくとも自然に耳を傾ける。

高鴨神社は境内の池に金剛山や社殿の朱が映え、五條に下ると吉野川の川岸に栄山寺の紅葉が美しい。いずれも十一月中旬から下旬が見頃。

■吉野町……吉野山・西行庵

「よしの」という地名の語感は響きが良い。この言葉と同様、吉野の景色もそれに似合って美しい。春には桜で有名な吉野山であるが、十一月初旬にはその桜の葉が色づく。盛りの時期でも、蔵王堂が見えるハイキングコースは陽が落ちるまで待っても人影がまばらで、春の混雑と比べると別天地。秋の吉野山はぽつりと考え事をするのにはちょうど良い。

西行庵は吉野山をさらに登った金峯《きんぶ》神社から二十分ほど南に入った谷あいにあり、十一月初旬から中旬に色づく。吉野川の上流にあるのが宮滝遺跡。そこに流れ込む喜佐谷川を遡ると吉野山に至る。徒歩でなら周回も出来る。

飛鳥から金剛山麓、吉野山、そして吉野川流域。風景に「味わい深い」という言葉が使えるならば、この地域はそれにピッタリの土地である。

（桑原英文）

ナンキンハゼの紅葉　（奈良市 正倉院付近）

エリア別　奈良 大和路の紅葉・黄葉データ一覧

［注意］紅葉・黄葉の時期は、年ごとの気候や各所の環境の変化などによって異なります。

奈良市

［見頃］10月下旬からナンキンハゼやサクラから紅葉し、最大の見頃は11月下旬から12月上旬。

場所	住所	掲載ページ	主な紅葉樹・草
奈良公園　荒池付近	奈良市春日野町	10―11	モミジ・ナンキンハゼ・サクラ・ケヤキ
吉城川　春日野園地付近	奈良市春日野町	12	モミジ
奈良公園　浮見堂・浅茅ヶ原園地	奈良市春日野町	13	モミジ・サクラ
東大寺　上院付近	奈良市雑司町	14	モミジ・ナンキンハゼ・サクラ
東大寺　大湯屋付近	奈良市雑司町	15	イチョウ・モミジ
手向山八幡宮	奈良市雑司町434	16	モミジ・イチョウ
元興寺	奈良市中院町11	17	ハギ・サクラ
興福寺　南大門跡付近	奈良市登大路町	18	モミジ・サクラ・イチョウ・ナンキンハゼ
興福寺　西金堂跡付近	奈良市登大路町	19	モミジ・サクラ
依水園	奈良市水門町74	20	モミジ・サクラ・ドウダンツツジ・ハゼ
吉城園	奈良市登大路町60―1	21	モミジ
春日大社　貴賓館庭園　稲妻形遣水の庭	奈良市春日野町160	22	モミジ

春日大社　南門付近	奈良市春日野町160	23	モミジ・イチョウ
春日大社　水谷神社付近	奈良市春日野町	26	モミジ
春日山原始林	奈良市春日野町	27	モミジ
高円山から見た奈良盆地	奈良市白毫寺町 高円山ドライブウェイ	28–29	コナラ・クヌギ・モミジ
円成寺　浄土庭園・本堂	奈良市忍辱山町1273	30–31	モミジ・ハギ
弘仁寺	奈良市虚空蔵町46	32	モミジ
正暦寺	奈良市菩提山町157	33	モミジ・イチョウ
興福院　門塀と紅葉	奈良市法蓮町881	34	モミジ・サクラ
水上池	奈良市佐紀町	35	モミジ・ヤナギ
神功皇后陵	奈良市山陵町	36–37	サクラ・コナラ・アシ
唐招提寺	奈良市五条町13–46	38–39	モミジ・サクラ
唐招提寺　応量坊付近	同右	39	モミジ

生駒から葛城へ（奈良県西部〜南部）

［見頃］最大の見頃は11月下旬から12月上旬。

暗峠越の風景	生駒市西畑町付近	42	サクラ・コナラ・クヌギ・カエデ
竹林寺	生駒市有里町211–1	43	モミジ
矢田寺	大和郡山市矢田町3549	44	モミジ・サクラ
金勝寺	生駒郡平群町椣原53	45	モミジ・サクラ
千光寺　行者堂と池	生駒郡平群町鳴川188	46–47	モミジ・ミツバツツジ
朝護孫子寺　本堂	生駒郡平群町信貴山2280–1	48	モミジ・イチョウ・クヌギ・サクラ
開運橋から見た大門池	生駒郡平群町信貴山	49	モミジ・クヌギ・サクラ

場所	住所	掲載ページ	主な紅葉樹・草
竜田川　紅葉橋付近	生駒郡斑鳩町龍田南6丁目	50	モミジ・サクラ・カキ
龍田大社	生駒郡三郷町立野南1—29—1	52	モミジ
當麻寺　東塔と西塔（西南院からみる）	葛城市當麻1263	54	モミジ
當麻寺　西南院庭園	同右	54	モミジ
當麻寺　奥院庭園	同右	56	モミジ・サクラ　※紅葉時期に四季桜が開花
笛吹神社（葛木坐火雷神社）	葛城市笛吹448	57	モミジ
二上山	葛城市加守	58	モミジ・コナラ・クヌギ
鳥谷口古墳	葛城市染野	59	モミジ・コナラ・クヌギ

山の辺の道から宇陀・曽爾へ（奈良県中部〜東部）

［見頃］天理・桜井市周辺の見頃の最盛期は11月下旬で、宇陀・室生・曽爾では11月中旬から下旬にかけて。

長岳寺　鐘楼門	天理市柳本町508	62	モミジ
慶田寺	桜井市芝753	63	モミジ・サクラ・イチョウ
大兵主神社　参道	桜井市穴師1065	64—65	モミジ
長谷寺　境内	桜井市初瀬731—1	66—67	モミジ・サクラ
談山神社　境内	桜井市多武峰319	68	モミジ・イチョウ・サクラ
談山神社　十三重塔	同右	69	モミジ・イチョウ・サクラ
三輪山　井寺池からの風景	桜井市三輪檜原1330	70	サクラ・アシ
鏡王女墓	桜井市忍阪	71	モミジ・サクラ・クヌギ
榛原鳥見山公園	宇陀市榛原萩原元萩原2741—2	72	モミジ・サクラ・ツツジ
大野寺	宇陀市大野1680	76	モミジ・イチョウ

室生寺　鎧坂	宇陀市室生78	77	モミジ
大願寺	宇陀市大宇陀拾生736	78	モミジ・イチョウ
屏風岩公苑	宇陀郡曽爾村長野9（曽爾村観光協会）	79	モミジ・サクラ・ミツバツツジ

飛鳥から吉野へ（奈良県中部〜南部）

［見頃］明日香・高取・御所・五條での見頃は11月中旬から下旬。吉野山周辺では11月初旬から中旬。

石舞台古墳	高市郡明日香村島庄	84	クヌギ・サクラ・メタセコイア・センダン
岡寺	高市郡明日香村岡806	85	モミジ
稲渕の棚田	高市郡明日香村稲渕	86—87	クヌギ・コナラ
天香具山　東側の山麓	橿原市南山町624	88	モミジ・モミジバフウ・クヌギ
太田皇女墓	高市郡高取町車木	89	モミジ
高取城跡	高市郡高取町高取	90	モミジ・サクラ
壺阪寺	高市郡高取町壺阪3	91	モミジ・サクラ・ヤマブキ
高鴨神社	御所市鴨神1110	92	モミジ
高天彦神社	御所市北窪158	93	ドウダンツツジ
栄山寺	五條市小島町503	94	モミジ・ヤマブキ
吉野山　如意輪寺周辺からの眺望	吉野郡吉野町吉野山	96—97	サクラ・モミジ
西行庵	吉野郡吉野町吉野山	98—99	サクラ・モミジ
高見川	吉野郡吉野町〜東吉野村	100—101	サクラ・モミジ
桜木神社	吉野郡吉野町喜佐谷	102	サクラ・モミジ
宮滝　夢のわだ付近	吉野郡吉野町宮滝348	104	モミジ・クヌギ・コナラ

味わいたい　奈良 大和路　秋のお土産・お菓子

表示の価格は平成26年9月のものです。

紅葉の柿の葉すし

塩鯖や鮭をのせた寿司飯を柿の葉で包んだ柿の葉すしは年中販売されているが、晩秋には赤く色づいた柿の葉で包んだものが登場する。五條に本店がある「たなか」では、秋の十一月中旬に限定して発売。十二個入り二一〇六円（税込）、※要予約

柿の葉すし本舗 たなか「本店」
五條市新町1-1-15　電話0747（25）1010

寂楽《じゃくらく》

友明堂は、奈良国立博物館新館正面に店を構える古美術店の老舗だが、古美術とは別に提供しているお抹茶と手づくりの和菓子セット（香煎付き一〇〇〇円）の評判が高い。季節により変わる和菓子の中でも秋から初冬にかけて登場する和菓子は、宇陀森野薬草園の本葛、北海道の大納言小豆あん、柚子の皮を練り合わせた「寂楽」。一見ようかんのようだが、口に含むととろけるような柔らかさで、爽やかな柚子の香りが広がる。※和菓子のみの販売はしていません

友明堂
奈良市春日野町2　電話0742（22）3301

葛城路《かつらぎじ》

明治十八年創業の老舗でロングセラーを誇るおまんじゅう。なめらかな黄身餡の中には栗の甘露煮がまるごと一個入っている。薄皮も香ばしく、日本茶はもちろんコーヒーにもよく合う。一個二〇〇円（税込）。

御菓子司 あけぼ乃
御所市大広町328　電話0745（62）2071

柿寿賀《かきすが》

柚子皮を芯に入れ、干し柿でしっかりと巻き上げてある。干し柿の自然な甘味と柚子のさわやかな香りの組み合わせは、お茶請けだけでなく酒肴にもおすすめ。三~五ミリの薄切りにしてどうぞ。一本一二九六円（税込）。

総本店柿寿賀
奈良市高畑町1119　電話0742 (20) 1717

柿ワイン

創業三〇〇年の歴史を誇る五條新町の造り酒屋が、西吉野特産の富有柿を使って、ていねいに作り上げた柿ワイン。ほのかな渋みが特徴で、和食にもよく合う味わい。七二〇ml入り一二六〇円（税込）。
※数量限定

山本本家
五條市五條1-2-19　電話0747 (22) 1331

純柿酢《じゅんかきす》

柿と酵母だけで作った柿酢は、くせがなく、まろやかな酸味。ミネラル、ポリフェノール、アミノ酸、ビタミンなどが豊富に含まれ、普通の酢と同じ感覚で料理に使うほか、水で薄めて柿酢ドリンクに。二二〇ml入り五四〇円（税込）。

柿の専門 奈良吉野いしい
五條市西吉野町八ツ川458　電話0747 (34) 0518

栗最中《くりもなか》

毎年十月~十一月だけの限定販売を楽しみにしている人も多い人気商品。栗のかたちが愛らしく、香ばしい最中皮の中には、大粒の栗と大納言小豆の粒あんがたっぷり詰まっている。五個入り一七〇〇円（税込）。

本家菊屋
大和郡山市柳1－11　電話0743 (52) 0035

〈著者略歴〉

桑原英文［くわばら・えいぶん］

一九五三年、山梨県富士吉田市生まれ。一九七四年、入江泰吉に師事。一九八三年に独立して、ライフワークとして奈良を中心とした風景、仏像、民俗、建築、歴史的景観などの撮影を続ける。日本写真家協会会員。著書に『万葉散策』（共著、新潮社）『新版古寺巡礼奈良6 室生寺』（共著、淡交社）ほか。

倉橋みどり［くらはし・みどり］

一九六六年、山口県美祢市生まれ。山口県立山口女子大学国文学科卒業。二〇一二年まで地域文化誌『あかい奈良』の編集長を約七年つとめる。現在、NHK文化センターなどの現地案内講座の講師や雑誌・新聞での奈良特集の企画・執筆などを手がけ、NPO法人「文化創造アルカ」の理事長として、奈良の近現代の文化や歴史を編集・発信する。著書に『北を見るひと～橋本多佳子論～』（角川学芸出版）、『祈りの回廊をゆく～奈良町・高畑編』（飛鳥園）。

〈写真協力〉五十音順

石井物産㈱・御菓子司あけぼ乃・㈱山本本家・㈱リーフ・総本店柿寿賀・本家菊屋・友明堂

奈良を愉しむ
奈良 大和路の紅葉

平成二十六年十月二十日 初版発行

写　真 桑原英文
案　内 倉橋みどり
発行者 納屋嘉人
発行所 株式会社 淡交社
本社 〒六〇三-八五八八 京都市北区堀川通鞍馬口上ル
営業 （〇七五）四三二-五一五一
編集 （〇七五）四三二-五一六一
支社 〒一六二-〇〇六一 東京都新宿区市谷柳町三九-一
営業 （〇三）五二六九-七九四一
編集 （〇三）五二六九-一六九一
http://www.tankosha.co.jp

装訂 株式会社ザイン（大西和重・大西未生）
地図作成 株式会社ひでみ企画
印刷製本 図書印刷株式会社

ISBN978-4-473-03968-2